福祉の起原

Adachi Kiyoshi
安立清史

◉弦書房

装丁＝毛利一枝

目次

序章　ゴーギャンの三つの問い

「私たちはどこから来たのか、私たちは何者か、私たちはどこへ行くのか」
D'où venons-nous ? Que sommes-nous ? Où allons-nous ?
（ポール・ゴーギャン　1898）

世界がいま重大な岐路に立たされ、行き先を逡巡しています。[1] 全世界を巻き込んだコロナ・パンデミックという災厄がまだ終息しきらないうちに、あり得ないような「戦争」（ロシアによるウクライナ侵攻）が始まってしまったからです。[2] これをいったいどう考えたらよいのでしょう。

ロシアに対抗する西側陣営も「軍事同盟の強化」や「経済制裁」という、戦争の一歩手前（ほとんど「戦争」）のような攻撃的な対応をしています。だとすれば、すでに世界中が「二つの戦争」に巻き込まれています。宣戦布告はされていませんが世界戦争の開戦前夜のような不穏な状況です。二〇世紀をふり返ると前半の熱戦、後半の冷戦と、戦争に明け暮れた世紀でした。もういちど前世紀を反復することになるのでしょうか。戦争が始まってしまったらもう戦うしかないのでしょうか。

メディアでは、多くの専門家がさまざまに解説し、さまざまに予測しています。しかし突然始まった不意打ちのような「戦争」にたいして、誰もが動転しています。歴史や事実や軍事戦略などをもとに考えようとしていますが、現実的すぎて非現実的な状況をうまく説明できていません。あるいは事実にもとづいて説明しようとすると、現実に起こっていることの不条理や謎をうまく説明できなくなってしまうかのようです。[3] 可能と不可能との逆転——現実的に考えたら不可能なことが起こってしまっているからです。

「現実」を元にした説明では、「戦争」のもたらす衝撃を受け止めきれません。私たちは、「戦争」を目の当たりにして、何を考えるべきなのでしょうか。

でも、突然の戦争や大災害に直面して、いったい何を考えればよいのでしょうか。どう受け止めたらよいのでしょうか。「問い」が大きすぎて、重すぎて、考えるよりもさきに逃げ出したくなってしまうのではないでしょうか。[4] そうだとすると、私たちは本当に考えるべきことだけは考えていない、そう言えるのかもしれません。

ポール・ゴーギャンは、楽園と信じてタヒチにいったのですが、そこにも病苦と貧困があふれていました。耐えかねて自殺を考えたその時に描いた作品がまさに「私たちはどこから来たのか、私たちは何者か、私たちはどこへ行くのか」という絵なのです。本質的な「問い」に向きあうことの本当の困難さに直面したからこそ、あの絵を描いたのかもしれません。苦しい「問い」、本源的な「問い」は、「問い」そのものに向かいあうことすら困難にさせるのかもしれません。

三つの物語と三人の視点人物

そこで考えたすえ、次のような方法でこの「問い」に斜めから切り込んでみることにしました。

それは「私たちはどこから来たのか、私たちは何者か、私たちはどこへ行くのか」というゴーギャンの三つの問いに対して、三人の視点人物を立てて考えてみるという方法です。三人とは、宮沢賢治の童話「銀河鉄道の夜」の主人公ジョバンニ、ジブリの宮崎駿監督の映画「風の谷のナウシカ」のナウシカ、そして同じく「千と千尋の神隠し」の千尋――この三人です。いささか突飛に見えるかもしれませんが、どういうことでしょうか。

三人とも実在の人物ではありません。童話の主人公や映画アニメの主人公です。でも実在しないから、想像上の人物だから非現実的ということはありません。作者や制作者たちは時代の中で、無意識的にあるいは意識的に、困難で本質的な問題と向き合っていたと思います。だからこそ、童話やアニメの主人公から、常識的に考えていたら出てこないような行動が出てくるのです。あり得ない行動――そう思ってしまいますが、百年、千年の単位でみたら、歴史上、そのような奇蹟的なことが起こった記録がないわけではありません。そんな奇蹟をふり返ってどうするのだ、と言われるかもしれません。しかしだれもが「で

「千と千尋の神隠し」の水中鉄道のシーン
「千と千尋の神隠し」には「銀河鉄道の夜」を強く意識したと思われる「水中鉄道」のシーンがあります。 （提供・スタジオジブリ）

は、どうしたらいいのだ」という性急な答えを求めている今こそ、千年以上かたりつがれている聖書や神話的な物語の中に、現実世界の困難を乗り越えるヒントが描かれている――そう考えてみたいのです。どういうことでしょうか。

この三作品ともまさに「戦争」に巻き込まれながら、「戦争」と向き合い、それの「乗り越え」をテーマとしているからです。いささか言い過ぎに聞こえるかもしれませんが、そんなことはありません。そこには深い洞察と驚くような「もうひとつの解」が示されているのではないか、そう思います。[5]

私の考えはこうです。上記の三作品は、

架空の物語に仮託して、「戦争」に直面した時に、人はどのように行動するか、どう乗り越えるかについての本質的な思考をしているのではないか。最初は戦争に巻き込まれて右往左往します。誰でも殴られたら殴り返す、目には目をという復讐の連鎖に巻き込まれます（風の谷のナウシカ）。しかしやがてその困難を独特のやり方でくぐり抜けます（ジョバンニと千尋が乗る銀河鉄道と水中鉄道）。これは第三章で詳しく論じますが、政治哲学者ジョン・ロールズの『正義論』の中にある「無知のヴェール」をかぶって「原初状態」へ立ち戻り、ゼロ次元から「普遍的な正義」を考えるのに匹敵する場面ではないかと思われます。銀河鉄道の中での「死者との対話」や「神さま論争」が、「私の幸せ」や「私たちの幸せ」を乗り越えて「みんなのほんとうの幸せ」へ向けて離陸する重要な場面だと見えてくるのです。「千と千尋の神隠し」も水中鉄道に乗って沼の底へ降りていきます。さらに驚くのは千尋が湯婆婆と対決する最終場面で、示された選択肢に「この中に答えはない」と見抜くシーンです。これもロシアと西側諸国とがウクライナを前にして対峙している現在、論じられ、取られている方法や選択肢の中に「答えはない」――そういっているように思えるのです。この場面での、湯婆婆の支配する世界への対し方は、私たちの想像力の限界を試すような、深い問題提起に思えてくるのです。

本書の構成について

第一章「福祉の起原——起源と起原」では、「歴史」ではなく「起原」を考えるという方法をとります。戦争の起原ではありません、「福祉の起原」を考えてみるのです。なぜでしょうか。二〇世紀の二度の世界大戦のあと「福祉国家」が現れました。しかしいつのまにか衰微して「戦争」の時代がきているとすれば、この「戦争」のあとにふたたび「福祉の起原」を見るのではないか。それはアンソニー・ギデンズらの「福祉の戦争起源説《ママ》」としてすでに言われたことがありますが、あらためてこの「起原」を検討してみたいと思います。「福祉」という言葉も「起原」という言葉も考えてみると不思議な謎と矛盾と可能性にとんでいるのです。それゆえ「起原」のあとの展開について思考を誘うのです。贈与から福祉は始まるのか、戦後の日本の社会福祉、エスピン＝アンデルセンの『福祉資本主義の三つの世界』における福祉国家論、それらの問題と課題なども検討していきます。そして近代化の論理としての「介護の社会化」の意味を、福岡の介護施設を具体的なケーススタディとして取り上げて、そこに外部化・市場化されるだけでは解決されない問題があることを考えます。外部化される一方の介護や福祉という社会機能を、もういちど再・

社会化する論理が必要になってくるのではないでしょうか。それを考える補助線として援用したいのが社会学者・真木悠介の「外化を通じての内化」という論理です。

第二章「戦うことと戦う」では、現在、世界を巻き込みつつある「戦争」について考えます。私たちは殴られたら殴り返す存在です。侵略されたら戦う存在です。しかし戦いとは何でしょうか。勝つとはどういうことでしょうか。ここで補助線にしたいのは、復讐原理にもとづく社会規範、ハムラビ法典や旧約聖書の世界観にたいして、ありえないような不可能なような宗教的な倫理を提出している新約聖書の世界観です。そして「二人の加藤」――加藤周一と加藤典洋の二人が考えてきた問題です。加藤周一は一九六八年の言論の自由化を求めた「プラハの春」を深くうけとめました。そして戦車で侵攻したソ連軍にたいして市民が言葉による抵抗でこたえたことを意味深く論じています。チェコスロヴァキアで起こったことを「圧倒的で無力な戦車」と「無力で圧倒的な言葉」という対比で考えています。死者をほとんど出さなかった言葉による抵抗――「プラハの春」のあとに起こったこの抵抗が二十年後のビロード革命を準備した、とまでは言いません。しかしありえないような抵抗、ありえないようなその後の展開を準備したのは、まさに「戦車に対抗する言葉」があったからではないでしょうか。しかし五十年まえにはあった可能性が、現在はほとんど消えている。それはなぜなのか、ここが考えどころだと思います。また加藤典洋はその『戦後入門』などの中で、私たち日本人は敗戦の受容に失敗したのではないか、ゆえに「戦後」が八十年近くつづいて、いまだに終わる気配が見えないのではないか、という苦い認識を私たちに示してきました。しかし勝利した側にも何らかの回心のようなものがないと、世界は戦いと報復との悪循環をつづけていくほかないでしょう。加藤典洋は勝利者の側にも回心の火花があったというのです。戦いから脱出するもうひとつの可能性がここにあったのかもしれません。

第三章「起原のあとの未来」では、「みんなの本当の幸い」（普遍的な正義）を考えるために「無知のヴェール」をかぶるというジョン・ロールズの思考実験を取り上げます。「原初状態」に立ち戻らないと戦争も福祉も、あらたな世界も不可能になるでしょう。「起原」を「原初状態」を考えれば、私たちはもう一度新しい「起原」に遭遇するはずです。現実の選択肢――この中に答えはない、と言えるためには何が必要か――それは「起原」にさかのぼって考えることではないでしょうか。

（1）執筆時点での現在は二〇二二年秋です。

（2）二一世紀は、ニューヨークの世界貿易センタービルへのテロ攻撃から始まりました。その後、日本では東日本大震災や福島第一原発事故という大災害が起こりました。世界は気候変動に巻き込まれて大きな自然災害が頻発するようになっています。リーマンショックをはじめとする全世界を巻き込む経済災害も起こります。こうした文脈の中でのコロナ・パンデミックです。そしてそれが終焉しないうちにロシアとウクライナの「戦争」に世界が巻き込まれています。どう考えても、ありえないことが、不可能なことが、起こり続けているのです。どうして不可能なことが連発していってしまうのか、そこを少しでも考えられたらと思います。

（3）加藤周一が『羊の歌』の中で書いていたエピソードを思いだします。一九六〇年代の米国で、ベトナム戦争のエスカレーションにたいして学生たちが反対した時、大学の政治学の教授は「戦争」には複雑な事情がからまっていて、素人には容易に理解できないものなのだ、と学生に説明したというのです。加藤周一は、専門家になればなるほど、現実やデータに引っ張られて、現実を変更することが不可能だという説明に傾く傾向があるという批判的感想を述べていました。専門家による専門知の陥穽です。これはじつに教訓的なメッセージとして私に強い印象を残しています。人はかならずしも学べば学ぶほど賢くなるわけではありません。かっこつきの現実を知ることは、現実に負けて「現実の先」を考える可能性を奪われることになるのかもしれない――そういう教訓として。

（4）大澤真幸は「思想の不法侵入」という論文の中で、われわれは予期しない不法侵入を受けたショックの中でこそ、本当に考え始めるのではないか、という逆説を述べています。東日本大震災の時にも、その後の福島第一原発の事故の時にも私たちは、このような「不法侵入」を経験して震撼されました。いや、もっとさかのぼれば、第二次世界大戦で日本が経験した「戦争」と「敗戦」も、同じように深く震撼する経験だったのではないでしょうか。ところが、今から考えてみると、私たちはこうしたショックを、ほんとうに真正面から受け止められたのでしょうか。受け止めるよりも前に、現実を半ば否認して、はやく安心したくて考えることを放棄してしまったのではないでしょうか。加藤典洋も『敗戦後論』などの一連の著作の中で、日本は「敗戦」を「終戦」と言い換え、真正面から受け止めることなく、中途半端にやりすごしてしまったのではないか、そう論じています。

（5）空想や夢想のたぐいでしょうか。そんなことはないと思います。二〇二二年に亡くなった社会学者・見田宗介は「夢よりも深い覚醒へ」という文章の中で、夢を奥歯で噛み殺してしまうリアリストにたいして、夢よりももっとその先へと覚醒していくことの必要性を論じていました。戦争の時代に生まれ、「生まれた時から戦争が日常だった」という見田は、人生をふり返りながら「真の問題に真正面から向き合う。性急な思考に対抗し、十年、百年、千年の方向性を、悠々、悠然と追求していく」と語っていました。見田が今回の「戦争」についてどのように考えていたか。もうしることはできなくなりました。でも、いまマスメディアで論じられているようには考えなかったと思います。

第一章

「福祉の起原」

——起源と起原*

私たちが直面している現在の問題を考えることは「私たちはどこから来たのか」を考えることでもあります。ですが、あまり遠くまでさかのぼると、かえって問題を見失いかねません。本書では約百年まえから始めたいと思うのです。そこには現在にいたる「起原」がたくさんみつかるからです。

歴史ではなく起原を考えることは、理論的な作業です。現実や結果に左右されないあらゆる可能性を考えることです。「正の可能性」だけでなく「負の可能性」まで考えること——それは可能性の両極のあいだを揺れ動いている「現実」を相対化することにもつながるでしょう。歴史から考えるのでなく起原から考えたい——そう思ったのは、突如ウィルスのパンデミックが起こったり、突然「戦争」が起こったりする時代になったからです。突如、いやおうない現実に直面させられる。そうした時に、多くの人は、現実をみて考える、歴史をふり返って考える、そして現実的に対応する、ということになりがちです。それが誤っているわけではありません。でも合理的に考えているだけではすまないものがあります。なぜ不可能だと思っていたことが起こってしまうのか。ふつうに考えたら理解不能です。理解不能な事態にたいして、世界は戦争で対抗しているかのようです。まるでそれが可能な唯一の方法であるかのように。でも冷静に考えてみれば、それでは二〇世紀の戦争の歴史の反復です。ここが考えどころではないでしょうか。そこで大胆な補助線を引いてみました。戦争が福祉を生み出すというのが二〇世紀のもうひとつの歴史でした。戦争が戦後の「福祉国家」を生み出したのなら、今度の戦争もきっと次の「福祉の起原」を生み出すだろうと考えてみたのです。しかし二〇世紀のその後の教訓は、この「福祉の起原」は半世紀もたたないうちに「福祉国家の危機」へ、財政危機とともにその衰退へと変容していきました。二〇世紀と同じような反復にならないためには、何が必要になるでしょうか。どんな新たな発想が必要でしょうか。そんな「問い」をもって考え始めたのがこの「福祉の起原」です。

＊　ややこしいかもしれませんが「**起源**」と「**起原**」を区別したいと考えます。「**起源**」には水源のイメージがあります。大河の始まりをさかのぼると見つかる最初の一滴……しかしそれでは延々とつづく歴史のはじまりに近いものになります。本書で考える「**起原**」は、突然の出来事、不意打ちの事態のようにして始まるものです。想定外のところから悲惨も生まれるかもしれませんが、新たな可能世界も生まれるかもしれません。そういう両義的な「原初状態」を考えてみたいので

す。歴史は反復しているように見えながらも違う世界をつくりだしています。連綿とつづく流れではなく、寸断されリセットされて新たな「**起原**」が見いだされ、あらたな可能世界が生まれる。それはまた切断され途切れるかもしれません。しかし、それでもなお新たな「**起原**」が生まれ直す——そういう切断や寸断、再発生と多様化、そうしたジグザグな展開を考えてみたいのです。「戦争」のあとの焼け野原から新たな可能性が生まれ直す——そういう意味や希望もふくめて「**起原**」として考えてみたいのです。

起原をめぐる問い——なぜ「歴史」ではなく「起原」なのか

歴史ではなく起原

「福祉の起原」を考える——しかし何を、どう考えればよいのでしょうか。歴史と起原は違います、でもどう違うのでしょうか。福祉と社会福祉も違う、社会事業や社会保険とも、社会保障とも違う。そうなるといったい何を、どう考えたらよいのでしょうか。[1]

「歴史」は、いつ・どこで・だれが・何を・どう始めたか、等を根拠となる資料をもとに調べることから始めます。「歴史」は、資料や事実そして記録の探索、そしてその資料の信憑性の吟味だと言ってもいいでしょう。[2] 実証的で学問的で正しい態度だと思います。そうやって資料にもとづいて、たとえば「福祉の歴史」ならすでに多くの説や論文や著作が知られています。それぞれ根拠のある資料や事実があるからです。事実や記録をどう考えるかで、いくつかの説に分かれています。

しかしここで考えようとしているのは「起原」です。どうやら「歴史」とはちょっと求めるものが違うようです。どこがどうちがうのでしょうか。(3)なぜ「歴史」ではなく「起原」を考えるのでしょうか。

いささか大きなことを考えようとしているからです。これまでに起こったことではなく、これから起こることを考えようとしているからです。

福祉の戦争起源説

具体的にはこういうことです――「戦争」のあとに「福祉」が起こるのではないか。戦争の悲惨のあとに「福祉」が必要になるに違いない、そう予想することができると思います。そこから「福祉の戦争起源説」(4)が現れます。アンソニー・ギデンズその他の人たちが述べていることです。それほど突飛な説でもありません。しかし「福祉の戦争起源説」には「正の可能性」だけでなく「負の可能性」もふくまれています。戦争国家から「福祉国家」を生み出すような可能性だけでなく、ナオミ・クラインのいうような「ショック・ドクトリン」として逆利用される可能性もあると思います。ですから、「福祉の戦争起源説」を考えるだけでなく、そのあとの将来まで考えてみたいのです。どういうことでしょうか。

まず「戦争」が「福祉」の「起原」である――この説は思われるほど奇矯な説ではありません。経験的にみても、そう考えられる事実はいくつもあります。たとえば近代的な「戦争」の発端でもあったナポレオンの戦争では、負傷した兵士のために「廃兵院（アンヴァリッド）」なる建造物が建てられました。凱旋門のほかに廃兵院――戦争は必ず死者や負傷者や障害者や、未亡人や生活困難な人たちを生み出すからです。おなじような事例はフランスにかぎらず世界でみつかります。

社会学者でいえば、英国のアンソニー・ギデンズがすでにそういう説を述べています。ギデンズは『国民国家と暴力』（一九八五）[5]という大著の中で、国家と社会の歴史をふり返りながら、近代の国民国家が巨大な軍事力をもつ「軍事社会」となっていること、そして現代社会の中核国の多くが国民国家でありつつ「福祉資本主義」であると論じています。それらは自然にそうなったのではなく国民国家の社会体制の必然でもあると。またのちに触れることになりますが『福祉資本主義の三つの世界』で著名な福祉国家論のイエスタ・エスピン＝アンデルセンも、そのことに言及しています。

日本ではどうだったでしょうか。日本の社会福祉は社会事業から社会福祉へと展開してきたとされています。まず明治天皇制のもとでの「感化・救済・慈善事業」としてはじまりました。大正期に治安維持対策としての社会事業がおこり、昭和初期になると戦争へむけた大動員体制・戦時労働力政策としての厚生事業がはじまります。そして戦後はGHQの指令による「社会福祉」の導入になったとされています。戦前の日本には「社会福祉」という言葉も概念もなかったにひとしいと思います。慈善家・篤志家や宗教者による民間レベルの福祉活動はありました。しかし国家レベルであったのは「社会事業」です。社会事業は治安維持とセットになっていました。(6) 失業や貧困、社会問題が激化すると社会不安や社会動乱になります。たとえば五・一五事件や二・二六事件など軍による暴走やクーデタの背景には東北の飢饉などの惨状があったとされています。兵士は地方農村の次男三男などが多かったからです。社会問題を解決できない政治家や財閥にたいして軍部の若手兵士たちは暴力的な行動にでました。もちろん社会事業には「社会福祉」に類似した政策も多く含まれていました。しかしそれはいまの社会福祉概念と違っています。対象が「選別的」だったのです。軍や政府行政関係者、戦争で亡くなった人の家族などが優先され普遍的ではなかったので一般国民には及ばなかったからです。国家に有用な人たちやその家族が優先され、結果的にそれが日本の軍国主義を支えたとGHQは分析していました。戦争国家ではどこでも起こることかもしれませんが、平時の普遍的な社会福祉とは違っていました。GHQは、戦後、日本に「社会福祉」を導入するさいに、「無差別主義、国家責任による生活保障、公私分離の原則」を日本政府に指令しました。一九四五年一二月、GHQ指令（SCAPIN404「救済ならびに福祉計画の件」）により、国家責任によって生活困窮者を無差別平等に救済する法を定めること、ついで一九四六年二月 GHQ指令（SPAPIN775「社会救済」）により、「公的責任の原則」「無差別平等の原則」「救済費非制限の原則」を含む公的扶助を実現することが指示されました。そして一九四六年一〇月「旧生活保護法」が施行されます。一九四七年五月には日本国憲法施行。一九五〇年五月「新生活保護法」施行という順番で日本にも「社会福祉」が導入されたことになっています。[7] これが制度的にみた場合の日本の「社会福祉」の歴史です。このように日本の「社会福祉」も占領期の福祉改革にはじまると言えるでしょう。[8] 日本でも「福祉の戦争起源説」はなりたつようです。

起原という発想

近年「起原」をめぐる魅力的な「問い」を掲げた論考があいついで現れました。少し前になりますが真木悠介（見田宗介）の『自我の起原』（一九九三）や柄谷行人の『哲学の起源』（二〇一二）、近年では大澤真幸の『経済の起原』（二〇二二）などがそれです。それぞれに独自の理論、独自の歴史観、独自の起原論なのですが、共通点は「歴史」や常識的な「理論」に縛られずに考えていることではないでしょうか。

たとえば真木悠介は、ドーキンスの「利己的な遺伝子」理論をふまえて考えはじめますが、その先へと考えていくと、個体（たとえば自我）は利己的である必然性はない、むしろ共生や相乗的な関係こそ利己的な遺伝子にとってプラスになるはずだ、という驚きの結論へと至ります。これこそ「起原」という発想が、常識的な個体の利己主義やエゴイズムをのりこえブレークスルーしていくひとつの見本ではないでしょうか。

もうひとり、大澤真幸も従来の経済学の常識をひっくり返すような考察を展開しています。これまでの「経済」学の常識に反して、物々交換から「経済」へと展開するような常識的な歴史ではなく、むしろ「贈与」のほうが起原だと発想します。そして「贈与」こそが「交換」の始まり、つまり「経済」への道をひらくのだというのです。すこし説明してみましょう。

なぜなら「贈与」はかならず「返礼」をうみだすからです。贈与というアクションと返礼というリアクションとの一連の動きが、双方向的な社会関係をうみだすのだというのです。一方的であるかに見えてじつは双方向をつくりだす行動、それが「贈与」だと考えると、経済の起原はこう考えられるというのです。たしかに一方向の行為は続きません。しかし双方向になれば、それは「交換」の、つまり物々交換の基礎となる社会関係になります。つまり物々交換のまえに「原初」の社会関係があったはずで、その原初をつくりだすものが贈与だったというのです。

「商品交換の原初形態、その起原は何か。物々交換である……と一般には言われている。（…）商品交換は本来は物々交換であるという神話は、経済学を成り立たせている基本的な公理のようなものである。だが（…）商品交換は貨幣によって迂回された物々交換に過ぎないとする神話は、歴史的な事実としても、論理としても妥当ではない。物々交換から、やがて貨幣を使った商品交換が発生してきた、などという物語は、成り立たないのである。そのような事実は見い出されず、また論理的にも混乱している。」

「それでは、市場における商品交換が支配的な交換様式として定着する前には、何が主要な交換様式だったのか。物々交換ではないとすると、何なのか。贈与が――しばしば双方向的な贈与が――一般的であった。」

「この分野の古典中の古典は，マルセル・モースの『贈与論』である。これは北米先住民。ポリネシアやメラネシア等の民族、そして古代社会の儀礼的な贈与を比較研究した論文である。これらの無文字社会では儀礼的な贈与の社会的な意味は大きく、極論すれば、人々は――とりわけ男たちは――贈与のために生きていると、いってもよいほどである。」

「モースによれば、贈与は三つの義務の複合の産物である。三つの義務とは、与える義務、受け取る義務、そしてお返しの義務だ。これらの義務が総合的に含意していることは、贈与は双方向的であることを、つまり互酬を指向している、ということである。一方が与え、他方が受け取ったとき、お返しの義務があるとすれば、贈与は互酬的なものになる。」

では『贈与論』でモースはどのように「贈与」が「起原」であることを論じたのでしょうか。そもそも北米先住民らの無文字社会では、贈与と交換が切り離しがたくセットになっているからだといいます。「贈与」は一回かぎりの一方向的なものではないといいます。

するといかなる規則によって贈り物を受け取るとお返しをする義務が生じるのでしょうか、また、贈り物にはいかなる力があって受け手にお返しをするように仕向けるのかが問題となるでしょう。モースにとって「贈与」は贈与だけでなく交換の、もっと言えば「社会」の「起原」でもあると見えたのだと思います。

なぜ長々と引用したのでしょうか。この「贈与」を「福祉」と置き換えても、この論理はかなり通用するのではないか、そう思うからです。

従来の「福祉」や「福祉国家」論は、合理的な説明でその発展や展開がしめされてきました。社会が近代化し、社会問題が発生し、その社会問題を解決するための、合理的な社会政策として、時に治安維持とセットになって社会福祉は発展してきたというのが、たとえばその説明です。この論旨もそれなりに説得力がありますし、歴史家からすれば、こちらのほうが妥当な論旨かと思います。でも、このような説明では、たとえば「戦争」という社会の通常の論理とはかけ離れた、破壊と殺戮が発生すると、説明の論理に齟齬が生じます。そもそも社会福祉学の立場からは、戦争が前提となって社会福祉が生まれるという論理には、受容しがたいものがあるかもしれません。ここで考察しているのは「福祉の戦争起源説」が唯一の「起原」ではなく、むしろ「起原」はつねにさまざまなあり方で起こっているという論点です。「福祉の歴史」より「福祉の起原」という発想のほうが、より多様なあり方や展開を視野におさめることができると思います。より多様に柔軟に思考できるのではないか、という提案なのです。

贈与と福祉

ここでもうすこし「起原」についての考察を深めておくために、深田耕一郎の『福祉と贈与』（二〇一三）という本についても触れておきましょう。

この書は「全身性障害者・新田勲と介護者たち」という副題が示唆するように、福祉と介護者たちとの関係とその展開・転回を、障がい者の自立生活運動の歴史ともからみあわせて論じたものです。みずからの介護者としての経験から「介護する／される」という、普通の「福祉」関係が、まるで逆転するかのように転回していくという論旨です。

一般的に「福祉」は、慈善や善意、支援や援助、ボランティアなど、福祉的な活動を行う人たちから、援助を必要とする人たちへの一方向的な関わりだと思われています。それでは個人のレベルでは長続きしないので、公的な制度が必要になって「社会福祉」になっていくものと思われています。たしかに二〇世紀の後半に世界の先進国に広がっていった

「福祉国家」はそうみえる仕組みでした。

しかし高度経済成長のような国家財政に余裕のある時代がすぎると「福祉国家の危機」が訪れます。新自由主義（ネオリベラリズム）の時代になると英国はまっさきに「福祉国家」の旗印を下ろしました。すると持続可能な福祉をめざして社会福祉と社会保険とをミックスした社会保障がめざされるようになります。日本の介護保険はその一例です。こうした福祉国家の財政危機の時代の中で、揺れ動いているのが障がい者福祉です。

深田は、脳性麻痺の障がい者である新田勲との八年間にわたる介護者としての経験から、「福祉を贈与として立ち上げることは可能か」というラディカルな問題提起を掲げて『福祉と贈与』を書き上げました。新田は二四時間三六五日の介護を必要とする、みずから「全身性障害者」「プロ障害者」と自称する存在でした。深田は彼の介護者となることによって、はじめは「贈与」という一方的な関係だったものが、「福祉という闘争」に巻き込まれ、「贈与による支配／支配という贈与」が拒否されることを自覚します。介護者たちが与える介護という存在から「贈与を与え返される」存在へと転換していくのです。これを「相互贈与」と表現しています。この段階になると米国のサンフランシスコで始まった「自立生活運動」のようになっていきます。日本にも自立生活センター（ＣＩＬ）が生まれます。こうした運動への参与や参加経験の理論化が、この書の考察につながっています。ここから「相互贈与としての福祉」になるというのです。これは視野の転換です。介護者がいないと生きていけない、いわばぎりぎりの生を生きている新田勲とその介護者たちとの関係が、いわば反転し逆転するのです。一方向的な関係が反転して、そこから相互贈与とも言える関係へと転換する、というのです。これが新田と深田たちとの間でおこった一回限りの経験なのか、もっと普遍性をもつものなのか。「福祉の起原」とその先の展開について深く考えさせるのです。

贈与の展開と転回、そして変容

この本の面白さは、はじめはごくふつうの「贈与」概念だったものが、介護者として関わることをつうじて変容していく過程が描き出されていることです。それが実体験や社会運動の展開や時代状況などに即してリアルにあとづけられていることです。「贈与」がたんなる寄付やカンパにとどまるものではなく、人びとをもっと大きく巻き込んでいく渦巻きであることがよく分かります。やがて「贈与」は一方向的なものではなく、贈与している者たちが、逆に贈与される関係に変容していきます。贈与は贈与であって贈与以上のものになっていくのです。贈与という言葉の意味の拡大と発展が起こってきます。これはモースの概念からの逸脱なのでしょうか。そうではありません。そもそもモースの「贈与」という概念に含まれていたものが解き放たれ、解発[9]されたのでしょう。

モースは、もともと贈与が単純な一方向的なものではないことを見抜いていました。親が子に授乳したり食べ物を与えたりするような動物本能的な行動が、モースの注目する「贈与」ではありません。モースによれば、贈与には三つの義務がすでに含まれているのです。「与える義務、受け取る義務、そしてお返しをする義務」です。つまり贈与には、双方向の行動を誘発する性質があるのです。どういうことでしょうか。

贈与が親子の関係のようなものであるならば、その関係性は一方向です。そしてこれを贈与というならば、親子関係はつくれますが、社会関係をつくる基本的なメカニズムにはならないでしょう。論理的にいうと閉じた「二者関係」でおわるはずです。モースの慧眼は、「二者関係」ならば人間だけでなく動物にもあるが、それは論理的には「三者関係」に展開しない、ということです。動物行動学などが教えるところ、動物は贈与が苦手だそうです。ヒトにもっとも近いと言われるチンパンジーやゴリラになると贈与行動がまったくないとは言えませんが、とても苦手なようです。動物にとって贈与は、きわめてむずかしい行動であるらしいのです。

そうかんがえると、贈与は、ヒトが人間になっていくプロセスにおける重要な何かを示唆しているとも考えられます。もっといえばヒトが「社会」を形成していくその原初のあり方（起原）を考えさせるものがあります。マルセル・モースやクロード・レヴィ＝ストロース（Claude Lévi-Strauss）ら、文化人類学者たちが「贈与」を重視したゆえんです。

贈与の謎

モースによる「贈与」の社会メカニズムは次のようです――物を与え、返すのは、互いに敬意を与え合うためである。人は自分自身や自分の財を他者に負っており、何かを与えるのは自分自身を与えることにつながるからだ。贈与は双方的なつながりを作って他者を受け入れることにつながり、集団間の戦いを防ぐ。また、集団間の贈与で獲得した財は構成員に再配分される。このため、贈り物は与えなくてはならず、受け取らなくてはならず、しかも受け取ると逃れがたく、時に危険なものになり得る、と。

モースは贈与を構成する三つの義務として、与える義務、受け取る義務、返礼の義務という三重の義務をあげています。「与える義務」は、与えるのを拒んだり、招待をしないのは、戦いを宣言するに等しいといいます。「受け取る義務」は、贈り物を受け取らなかったり、結婚によって連盟関係を取り結ばない、といったことはできない。受け取りを拒むのは、返礼を恐れているのを表明することにもつながる、といいます。「返礼の義務」——この義務を果たさないと、権威や社会的な地位を失います。権威や社会的地位が財や富に直結する社会では、返礼が激しい競争をもたらす場合があるというのです。これは、しかし、いきなり何重にも謎を含んだ「義務」ではないでしょうか。なぜこれらが「義務」になるのでしょうか。なぜひとつだけでなく三つも複合した義務になるのでしょうか。義務になる以前には贈与はなかったのか、などなど次々に疑問をいだかせるものです。しかし魅力的な、じつに思考を誘う「起原」の仮説なのです。

こうした規則は明文化されているわけでも、本人たちが意識しているわけでもありません。モースをはじめとする文化人類学者や社会学者たちが、観察の結果、見て取った「仮説」のようなものでしょう。しかしここには「歴史」という考え方では考えることのできない「起原」を考察する力のようなものが生まれているのです。歴史以前にあった起原、いわば社会の初発のメカニズムを考えようとすると「起原」に遡った原理的な、理論的な考察が必要になるでしょう。資料によっては裏付けられない、しかし理論的な考察が、「起原」をめぐる謎については必要なのです。

「福祉の起原」――その先へ

「歴史」でなく「起原」から考えることの長所はもうひとつあります。「歴史」は（資料批判などをとおして）ひとつに収斂していく傾向をもつのにたいして、「起原」は「原初状態」にもどって、なんども起こりうることです。歴史をふりかえると、「起原」とみなせることは何度も起こっているからです。反復かもしれませんし、リスタートかもしれません。まったく新しい入口が開かれるのかもしれません。ひとつの「起原」から同じ結果や同じ歴史が導かれていくわけではありません。「福祉の戦争起源説」では、戦争ごとに「福祉の起原」が更新され、あらたな「福祉」が生まれるはずです。「福祉」など生まれない可能性も、もちろんあります。新たな多様な可能性がそのつどおこるはずです。

ダーウィンの「種の起原」は、さまざまな生物の種が生まれ多様化していく流れの原点の探求、そして分化のメカニズムの探求、進化や多様化のメカニズムの探求でした。進化論は、ひとつの種に収斂していくどころか、数えきれないほど多様な生命へと分化していく過程を開示しました。「福祉の起原」も同じです。ひとつの「福祉」への収斂ではありません。「福祉の起原」の探求は、たえず新たな種を生み出す原点の探求であり、多様性の探究になるはずです。

戦争と福祉

こうした準備をふまえて、あらためて戦争と福祉を考えてみましょう。

戦争は、巨大な「負の贈与」だと考えられます。この「負の贈与」で世界は破壊され、大混乱に陥ります。しかしそれだけではありません。この「負の贈与」に対抗するようにして「正の贈与」も立ち上がってくるかもしれません。「負の贈与」に見合うように、あるいはそれを埋め合わせるように「正の贈与」が起動する可能性があると考えられます[10]。

もちろんこんなことがつねにバランスよく起こっているわけではありません。たとえば大きなカタストロフに直面すると、その災害を自分たちの利益への誘導に活用しようとする流れがかならず起こってくるとナオミ・クラインは論じています。近年の大災害、たとえば「ハリケーン・カトリーナ」がニューオリンズを直撃したあとに起こったことがそれです。そこでは「福祉の起原」どころか「災害便乗主義」のスラム・クリアランスなどが起こりました。こうした二〇世紀に米国で起こったネオリベラリズムの流れと大規模な都市再開発への誘導という共振現象からナオミ・クラインの「ショック・ドクトリン」の理論が導きだされました。「ショック・ドクトリン」と「福祉の起原」とは紙一重の違いかもしれません。福祉は福祉資本主義と紙一重になりつつあるのかもしれません。米国のみならず、それは世界的な底流にあるのかもしれません。今後、さまざまな場面で、そのようにカタストロフを「利用しよう、活用しよう」という人たちも現れるでしょう。しかし、それだけではないはずです。本書では、「福祉の起原」は何度も現れ、何度も変形し、何度も出現と衰退を繰り返しながら、次の起原へとつづいていくのではないかと論じることになります。

（1）

たとえば日本社会事業史の吉田久一によれば、日本の社会事業の「歴史」は古代律令社会にはじまるそうです。中世や近世の封建社会にもそれはあり、幕末から維新、近代国家になってからの……と詳細につづき、私たちに近い「社会福祉」は三五〇頁におよぶ大著の後半わずか五十頁ほどで記述されるにとどまります。つまり「歴史」は資料があればどこまでも遡れるのです。しかし古代までさかのぼって資料を探しても、はたして私たちの求める問いへの答えが得られるのでしょうか。歴史家の問いは私たちの問いとは異なっています。歴史をさかのぼっても「起原」は分からないかもしれません。

（2）事実や資料が存在していても偽造や粉飾の可能性もあります。歴史家は資料の探索だけでなく、資料の信憑性の吟味や資料批判など地道な作業が必要となるのです。

（3）たとえば英国の社会福祉ではエリザベス救貧法であるとか、日本では一八七四年（明治七）に制定された恤救規則であるとか、いくつかの定説は存在しています。しかし本書で探求する「起原」はそのようなものとは違います。

（4）「福祉の戦争起原説」と書きたいところですが、すでにギデンス他の翻訳書で、「福祉の戦争起源説」と記述されているので、それに従うことにします。

（5）アンソニー・ギデンズ『国民国家と暴力』（原著一九八五→邦訳一九九九、而立書房）

（6）くわしくは安立清史『福祉NPOの社会学』一〇四頁以降などを参照して下さい

（7）ただしGHQは「社会保障法」を指示したのに、当時の厚生省（旧内務省）はそれを上からの恩恵という含みをもつ「生活保護法」に読み替えて実現させました。本来の社会福祉であれば生活保護というような上からの恩恵ではなく、基本的人権の一部として「公的扶助」のようになるべきでした。しかし、いまだにこのパターナリズム的な含みをもつ「生活保護法」という名称はつづいています。

（8）もっとも詳しい研究は、タタラ・ヨシオ著（菅沼隆・古川孝順訳）『占領期の福祉改革—福祉行政の再編成と福祉専門職の誕生』（一九九七）でしょう。

（9）昆虫学者の日高敏隆によれば、解発とは動物行動学の概念で、もともとあったが時期がくるまで隠されていた特性が、ある刺激（リリーサー）によって解き放たれて表にあらわれることを意味します。

(10) たとえばロシアとウクライナの戦争のあと、ウクライナには世界中からの復興支援が必要になるでしょう。この予想を傍証するかのように、朝日新聞によれば「ウクライナの復興に向けた二一世紀のマーシャルプラン」が論議されているそうです（二〇二二年一〇月二六日づけ記事）。世界銀行などが二〇二二年九月にだした報告書によるとウクライナのインフラの復旧だけでも日本円にして約五二兆円、ウクライナの二〇二一年のＧＤＰの一・五倍以上かかると推計されるそうです。復興費用がすべて「福祉」というわけではありませんが、これには世界からの支援が必要になることでしょう。

「福祉」の語源をさかのぼる

「福祉」という言葉

「福祉」という漢字は、福と祉と、ともに「幸せ」な状態、Well-being な状態だと説明されています。同じ意味が重ね合わされて、より幸福な状態を示す、いわばトートロジーのような言葉だとされています(1)。でも、もうすこし詳細に語源をさぐってみれば、もっと奥のほうまで行けるのではないでしょうか。

たとえば、福の字には——「さいわいを与える。しあわせを与える。祭りの際、神に供える酒や肉」という意味があるといいます。そして祉のほうは——「神から与えられた幸福。神よりうける恩恵」の意味だといいます。だとすれば福と祉は、完全に同じ意味とはいえません。漢字の語源的な意味から遡って考えるだけでは足りないことは承知のうえで、もうすこし考察してみましょう。

ひとつの仮説として、こう考えられないでしょうか。福祉という熟語には二つのベクトルが含まれている。あるいは二つの要素が含まれていると。「幸いを与えること―と―与えられた幸せ」という二つの側面が含まれているのだと。つまりまったくのトートロジーではなく、「幸い」の表面と裏面、創り出す側と受け取る側、能動と受動の両面があわさった状態、と考えられるのではないでしょうか。上から与える贈与としての福祉だけではなく、また下で受動的に受け取るだけの福祉でもない――両側面があるのだ、と。そう考えると、もうすこし先まで行けそうです。たとえば、この二つの要素の間には相互作用が生まれるはずです。多様な関係性、多様な贈与の仕方、多様な受け取り方がありうる、そう考えられます。

さらに、日本語の「福祉」にあたる英語の Well-being と Welfare を考えてみましょう。まず Well-being です。これもそう自明なものでもありません。Well（良い）な状態での Being（生きていける・存在できる）とは、いったいどういうことでしょうか。まず「地と図」の比喩で考えてみましょう。[2] すると地の部分では、Bad なあるいは Miserable な社会状況がベースにある世界が想定されているのではないでしょうか。その中で、Well な状態あるいは Better な生存状況が希求されているという場面が想像できます。ミゼラブルなひどい状況――そうした「地」の環境からの脱出が求められている時に、Well-beingは目標概念となります。相対的な貧困とか相対的な格差社会のことではなく、生存が脅かされるような絶対的な貧困や剥奪、生きることが困難になるような障がいなどの状況がベースにあるとしたら、Well-beingは目標概念となるのではないでしょうか。そうした社会状況では「福祉」や「福祉国家」はたしかな目標になります。社会の状況に問題がたくさんあるから、Wellあるいは Betterな環境や状況がもとめられ，Well-beingとして生きることが目標となるのです。その状態を実現できるあり方や仕組みや社会が求められている――そういう順序だとすれば、「福祉」はいわばひどい状況からベターな社会へむけての「旅の過程」だと考えることができます。

次にもうひとつの言葉Welfareも考えてみましょう。語源を調べるとWellが「よい」であることは当然として、fareは「旅」、つまり「生きるという旅をよりよくするためのこと」だといいます。Fareはfaran「旅」から来ており、fareの現代の通常の意味は「費用」ですから、つまり「旅にかかる費用」のことを意味します。ひどい状況から良い状況への「旅」が想定されていて、それを実現するには費用がいるのです。その費用をまかない、それを実現する社会過程こそ「福祉」だと考えられます。

福祉をめぐる相剋と相乗

福と祉の、双方の幸福な出会いによる相乗効果が「福祉」のエッセンシャルな部分であると考えられがちですが、必ずしもそうとも言えません。幸福をめざしても考え方や受け止め方は違うかもしれません。相乗的な関係（双方にとってプラスになるウィン・ウィン関係）だけでなく、相剋的な関係（対立しあう人たちが、ひとつのものを奪い合うゼロサム関係など）にもなりうるからです。福祉が人の生き死に、生存の状況に直結する場合、その対立や関係は激しくなることでしょう。さまざまなバリエーションがそこから生まれるのは、この相互作用というメカニズムを考慮にいれると理解が可能です。

たとえば、福祉が国家による恩恵的な贈与なら、場合によってはあえて受け取らなかったり、受け取りを拒否したりすることもあるでしょう。贈与から始まるのが「福祉」だとしたら、その結果、贈与する者と贈与される者という関係が生まれます。つまり、支配と服従の関係が、そこに含意されてしまうからです。国家と国民の上下関係だけでなく、ボランティアと二四時間介護を必要とする人とのあいだにおこりうる潜在的な支配と服従の関係もこの一例かもしれません。[3]

本来、福と祉の双方の幸福な出会いによる相乗効果こそが「福祉」の望ましいあり方かもしれません。しかし自然にそうなることは奇跡的な偶然によるかもしれません。慈善や贈与として行われる行為と、それによって可能になる世界と、その相互作用に「福祉」という言葉の含意があるとしたら、「福祉」と「社会福祉」、「福祉国家」や「福祉社会」、さらには社会保障や社会保険などの、現在、錯綜としているさまざまな概念の交通整理が可能になるかもしれません。今回はそこには踏み込めませんが、語源に遡ると、さまざまな概念がよりクリアに見えてきます。[4] ここからいくつもの発想の転換とあらたな展開が可能になるかもしれません。[5]

福祉における啐啄同時は可能か

「啐啄同時」という言葉があります。鳥の雛が卵から産まれ出ようと殻の中から卵の殻をつついて音をたてた時、それを聞きつけた親鳥がすかさず外からついばんで殻を破る手助けをすることを意味する、とされています。しかし考えてみれば四六時中卵を抱えている親鳥の場合ならいざしらず、普通の人間社会では、これはありえないほどの奇跡的な同期、ふつうは不可能でしょう。思春期の子どもなどを見るにつけ、この「啐啄同時」など不可能ではないか、とすら思えます。ましてや大人どうしの間で、このようなことが起こりうるのでしょうか。しかし、日々、起こっている奇跡なのかもしれません。見田宗介が「卵を内側から破る」という表現で、この奇跡を人間社会の解放や相乗性と関連づけて論じたのは、そのためだと思います。不可能のようにみえて可能なこと、可能だったことも、ほうっておけば不可能になってしまうこと——このふたつの異なるエレメントの合体が「啐啄同時」だとすれば、福祉の可能性と困難とが、この言葉の中にすでに表現されているのかもしれません。

福祉の戦争起源説

二〇世紀は「戦争の世紀」だと言われました。二度の世界大戦のあと、あまりの悲惨と破壊と惨状が残されました。それゆえに「社会福祉」が起こったとも考えられています。社会福祉学の歴史が、かならず何らかの悲惨な現実をもとに始まったことを記しています。近代資本主義が始まった英国でエリザベス救貧法[6]が制定され、第二次大戦後の戦争の災禍のあと「福祉国家」が誕生したことにふれるのはそのためでしょう。

英国がチャーチルの保守党のもとで「戦争国家」となって戦ったあと、戦後すぐにアトリーの労働党による「福祉国家」へ転換した歴史的な経験もそれを証しています。日本でも事情は同じかもしれません。戦前には「飴と鞭」として、治安維持とセットになった上からの社会事業や慈善教化だったものが、戦争期になると、兵隊や行政官など戦争と国家のために働いた人材や残された家族への恩給や恩賜となりました。そして戦後にはGHQ民生部の指令によって、国家のために働いた人材や残された家族への恩給や恩賜としての「福祉」ではなく、国民のための社会保障制度、そして貧困や社会問題を解決していくための手段としての「社会福祉」へと転換されました。GHQの人たちは、日本にファシズムや軍国主義が再生・再燃しないための重要な社会政策のひとつとして日本政府に「国家責任」として「社会福祉」を義務づけたのです。日本の「社会福祉」は、戦争の結果、生まれたものと考えて良いのかもしれません。だとすると日本でも「福祉の戦争起源論」がある程度当てはまるのかもしれません(7)。

歴史を概観しながら、英国の社会学者アンソニー・ギデンズはその著書『国家と暴力』(8)の中で「福祉の戦争起源説」を唱えています。もっともな説だと思います。戦争は多くの破壊と悲惨と障がいと貧困と――ようするに「社会」の破壊だったのですから、そこから復興するためには「福祉」が必要です。被害を受け、失業し、家族を失い、自らも障がいをうけ、貧困で、生きていくことの困難に打ちひしがれている状況――こうした状況に、支援や贈与や「福祉」が必要なことは、だれでも納得できるでしょう。戦争が福祉のひとつの起原であることに間違いありません。

しかしこのような歴史的経緯をたどるだけでは「福祉」の始まりの片面にすぎないのではないでしょうか。上からいくら卵をつついても、卵の側に準備ができていなければ、卵は割れて死んでしまいます。日本では、「社会福祉」として上からつつかれて、卵の内側ではそれを明治の天皇制国家以来の伝統である上からの恩情やパターナリズムとして理解したようです。そこで「公的扶助」ではなく（それでは国民が主体となって国家に援助をもとめる権利が生じることになります）、それをパターナリズムの現れとして、つまり国家による国民の「生活保護」と理解（あえて曲解）したように思われます。そもそも「社会福祉」という概念は、西欧的な制度からの翻訳語でありましたから、さまざまな日本的な意味や含意を、その「社会福祉」概念の中に換骨奪胎して注入したのでしょう。「社会福祉」という言葉は、日本ではかなり自由自在に翻訳されてきたことがうかがえます。公的扶助という概念と「生活保護」という了解との間には、同じように見えて当初から微妙に、いやかなりのずれが生じていたのです(9)。

「福祉国家」の興隆と衰退

日本だけではありません、世界もそうでした。二〇世紀の「福祉国家」を概観して『福祉資本主義の三つの世界』（一九九〇）を描き出したデンマークの福祉国家研究者イエスタ・エスピン＝アンデルセンは、ギデンズの「福祉の戦争起源説」を踏まえながらも、その後の「福祉国家」の展開と発展は、それぞれの国々のさまざまな要因によって、いわば多変量解析で無数の要因間の関連性がまとまり（クラスタ）をつくるように、形成されているという認識を示しました。卓見です。「社会福祉」というひとつの概念や制度が、進化論的に展開していったのではありません。「起原」は二度の世界大戦のあとの戦後復興と戦後世界の再編成の中から生まれてきたものだったとしても、その後の「福祉国家」の多様性は、エスピン＝アンデルセンの言うように、さまざまなタイプに分かれていったのです。「起原」という考え方が、福祉や社会福祉とマッチするのはそのためです。「福祉」は、ひとつの理論や発展図式に収斂していくものではないと思います。「福祉」にはもともと二つの大きなベクトルがあり、上からの政策として行うエレメントと、下からそれを求めるエレメントという二つがあったとすれば、「福祉」のかたちは、ひとつの同心円ではなく楕円形をしているのではないかと考えられます。そしてその後の展開や発展も同心円状に発展していくのではなく、大きさのちがった地球と月のような二つの惑星が複雑な楕円軌道を描き出すように、さまざまなバリエーションが生まれてくるのではないでしょうか。

福祉と国家

福祉の起原のひとつを「戦争」に求める考え方は、当然、国家の役割や機能についても考えざるをえません。「福祉国家」論が重要視されるゆえんでありましょう。しかしここに解決のつかない難問（アポリア）が生まれます。「福祉国家」が福祉の中心的な担い手アクターになるということは、国家中心の「福祉」を意味します。「福祉国家」は国家としてのあり方（議会や政府、そして何より財政）に左右されることになるからです。国家の法制度としての福祉となると、国家の政治や財政や運営に左右され不安定になります。政府の財政力が落ちれば「福祉国家」は縮小していくことになるでしょう。実際、二〇世紀の後半に起こったことは、資本主義がグローバル資本主義へと変身していく過程で、「福祉国家の危機」が深まっていったことでした。福祉を国家にのみ頼っていては危うい。こんなことは研究者なら誰でも言っていることですが、改めて記しておきたいと思います。[10]

（1）福祉社会学者の武川正吾は『福祉社会学の想像力』（二〇一二）で、そのように論じています。しかしもっとその先があるのではないでしょうか。

（2）それはゲシュタルト心理学でいう「地と図」の中の「地」の状態だと言えましょう。

（3）前著『ボランティアと有償ボランティア』（二〇二二）で紹介した「ボランティア拒否宣言」などがこの例にあたります。

（4）私は前著『ボランティアと有償ボランティア』（二〇二二）において「ボランティア」の定義を考えました。そして一般的に言われている「ボランティア」の定義は、もっと深く遡れるのではないか、遡ってみると通常の定義とは異なった「ボランティア」の意味がより深く理解できるのではないかと論じました。その方法を「福祉」という言葉にも応用してみたいと思います。

（5）「福祉」に与える側と与えられる側との相互作用がある―そう考えてみると「福祉」の供給側にはさらに多元性があります。たとえば政府や行政による上からの施策としての「制度的福祉」だけが「社会福祉」なのでしょうか。制度の側面と、民からの自発的で自立的なサービス形成の動きがあります。一九八〇年代に起こった住民参加型在宅福祉サービス活動などがそれです。地域福祉学の岡村重夫は、制度的福祉と自発的福祉と分類しました。制度的な福祉だけが「社会福祉」ではありません。

（6）エリザベス救貧法は、あらたにうまれた資本主義によって子どもたちが過酷な労働にかりだされ、土地を奪われた人たちが工場労働者になり、絶対的な貧困が労働者をおそうようになったため、貧困対策や労働条件の改善が、国家にとっても重要な課題となった、と説明されています。

(7) このことについては何度も書いたことがあります。たとえば『福祉ＮＰＯの社会学』（二〇〇八）など。

(8) A Contemporary Critique of Historical Materialism, vol. 2: The Nation-state and Violence, (Polity Press, 1985). 松尾精文・小幡正敏訳『国民国家と暴力』（一九九九年）

(9) そのあたりの経緯については、アメリカ側の公文書などを調査したテツオ・ナジタらの研究からも明らかになっています。また日本側では、ＧＨＱの担当者と直接交渉にあたった人たちの回想録や発言、そして仲村優一らの社会福祉原論などにも記されています。また、政治学者・石田雄の研究などさまざまな文献があります。生活保護制度については、福祉社会学者・副田義也の研究もあります。

(10) 日本に「地域福祉」という言葉を定着させた地域福祉論の岡村重夫が、じつは戦争期には「戦争社会学」を唱えていたことはあまり知られていません（現在は国立国会図書館のデジタルアーカイブなどでそれを見ることができます）。ある意味で、戦争は全体主義的な社会体制にすることで統制経済や国家社会主義的な側面もあるので、戦争と福祉とは、複雑な経路や回路で接続されたのかもしれません。岡村重夫に「福祉の戦争起源論」を当てはめようとは思いませんが、戦争期の反省が戦後の地域福祉論に影響を与えているのかもしれません。

「福祉」を定義する二つの方法
――エスピン＝アンデルセンの『福祉資本主義の三つの世界』をめぐって

福祉とは何か――演繹法と帰納法

福祉とは何か、社会福祉とは何か――誰もが知っているようで、じつは誰も本当には知らない――そういう不思議な概念は、だいたいが外国由来あるいは翻訳語です。外国で生まれ、日本に輸入されてきたものですから、海の彼方に本物があると思うので、私たちはそれを想像しながら正しい意味や定義を考えようとするのです。概念の演繹法は、だいたいがこのようなアプローチをとります。これは、翻訳文化論の柳父章がいう「カセット効果（宝箱効果）」です。宝箱の中にある宝石（本質）を定義しようともがくのです。しかしなかなか成功しません。本質を理想化しがちです。この落とし穴は、概念がいつのまにか美化され理想化されていくことです。だからいつまでたっても本物には到達できません。言葉（概念）を道具として考えているはずなのに、いつのまにか言葉のほうに考えさせられている――そんな逆転がおこってきます。私ではなく言葉が考えている状態、これが翻訳語から「定義」を考えようとすることの落とし穴です。社会学で重要な用語、福祉やコミュニティ、ボランティア等の概念は、まさにこの「翻訳語」のもたらす落とし穴にぴったりの現象です。

もうひとつのアプローチが「帰納法」です。現実のデータをたくさんあつめて、その中から最大限あてはまる定義を探していくアプローチです。事実やデータは集めようとすると数限りなくでてくるのですが、そのほとんどが常識的な範囲内の事実の再確認です。つまり事実やデータから「定義」を知ったからと言って、かならずしも新たな何かが見えてくるわけではありません。目の前の「現実」から、定義を考えようとしてもそれは現実の不十分な縮小版になります。現実が変わると定義も妥当しなくなります。とりわけ法律や制度の実態から福祉や社会福祉を考えようとすると、かならずこうなってしまうのです。

「福祉制度の歴史」を調べるなら、法制度の転変を記述するのでも良いでしょうが、「福祉の起原」や「福祉の理論」を考えようとするなら、こうしたアプローチでは不十分でしょう。法律や制度や実態から説明するのではない方法はあるでしょうか(1)。

そこで外国の、とりわけ英国の「福祉の理論」を参照することが行われてきました。たとえば「ゆりかごから墓場まで」の先進的な福祉国家（英国）で、福祉がどう定義され、どう論じられ、どう発展してきたのか、それが研究されてきたのです。戦後の日本の社会福祉学の主流はこれだったかもしれません。ところが英国流の福祉国家は、皮肉なことに英国からまっさきに衰退していきました。とりわけ「英国病」が喧伝されたあとに登場したマーガレット・サッチャーの時代に大改革が行われました。一九八〇年代のサッチャー政権は新自由主義に基づき、電話・ガス・空港・航空・自動車・水道などの国有企業の民営化と規制緩和・金融システム改革をおこなったのです。それに伴い、戦後に行われてきた高福祉の社会保障政策、社会保障支出の拡大も急速にしぼんでいきました。それに代わって世界の福祉国家研究者が注目したのは、北欧の福祉国家群でした。北欧（スウェーデン、デンマーク、フィンランド、ノルウェイ等）では「ゆりかご」以前の「胎児から墓場まで」カバーされる高福祉国だというのです。もちろん高負担というネガティヴな評価とともに、北欧の福祉国家は、社会福祉学だけでなく、比較政治学・政策学の人たちからも高く評価されてきました。

なかでもデンマーク出身のエスピン＝アンデルセンが、現代におけるもっとも著名な福祉国家研究者です。彼の主著『福祉資本主義の三つの世界』（一九九〇）は、今日にいたるまで福祉国家研究のマイルストーンです。

エスピン＝アンデルセンの「福祉資本主義の三つの世界」

「福祉」とは何か——社会福祉学の教科書を読むと、だいたいが、社会福祉の歴史や社会福祉制度の発展から説明が始まります。こうした歴史や事実から定義を抽出しようとする方法を、帰納法と概括しておきましょう。だれでも理解できる一般的な定義方法です。でも問題もあります。現実が変わったら定義が追いついていけないからです。また、国によって、社会によって、定義が変わってしまいます。たとえば英国の社会福祉概念と日本の社会福祉概念は、ずいぶんと違います。ましてや米国とはかなり違ってしまうのです。いや米国内でもSocial SecurityとSocial Welfareは全然ちがう定義やニュアンスをもちます。つまり現実によって影響をうけて一貫しません。

その弱点をよくよく考えたに違いないのがエスピン＝アンデルセンです。彼は画期的な方法をあみだしました。その方法は、統計学における多変量解析、そのなかでも因子分析やクラスタ分析の方法に似ています。そっくりだと思います。どういうことでしょうか。

それまでの「福祉国家」の比較研究が、現実に存在する国ごとに、その社会福祉の歴史や、制度やサービス内容や財源や対象と範囲など、さまざまな角度からデータを収集して、それを分類し、モデル化しようとしてきたのにたいして、まったく違う発想で定義しようとしたからです。社会福祉の制度実態から定義しようとすると、現実が動くと定義が追いつかなくなります。現実の法制度は、大きく動いていくので、定義はすぐに陳腐になり現実に追い越されるのです。比較政治学的な手法で、世界の「福祉国家」を研究するエスピン＝アンデルセンにとって、現実から定義する方法では限界があると考えたに違いありません。そこで彼がとった手法は、国ごとの制度の違いを捨象できるような工夫、つまり「社会福祉」という前提なしの、つまり「仮説」ぬきの分類――これを統計学では「教師なしの分類」などと呼びますが、統計学でいう多変量解析の手法を活用したのだと思います。何が「社会福祉」なのか、何が「福祉国家」なのか、定義なし前提なしに、大量のデータの中から、コンピュータに演算させて、変数相互の関連度から、分類軸を見つけていく方法です。これは、統計学ではコンピュータの性能が急激にあがってきてから、ようやく発展してきた方法です。日本では林知己夫の数量化3類などが以前から有名でした。でもパソコンがかつての大型コンピュータを上回る性能をもつようになってきて一変しました。やがて因子分析とか、クラスタ分析とか、日進月歩でさまざまな手法が開発されるようになったのです。それは、いってみればＡＩのような手法、いわば「仮説」なしに、膨大なデータの中から、どんな分類が可能かをコンピュータに探索させる手法なのです。エスピン＝アンデルセンが現実にこうしたやり方をとったのかどうか、本当のところは分かりません。しかしその著作を読めば、そういうアプローチをしたとしか考えられないのです（しかし本当に「仮説」ぬきの分類になっているかどうかは疑問なところもあります。それについては後述します）。

まずエスピン＝アンデルセンは「福祉」を表側からでなく裏側から定義しようとします。これが実に斬新で効果的でした。ゆえに今日の「福祉国家」論をリードする理論枠組みになったのです。どういうことでしょうか。

まずエスピン＝アンデルセンは、「福祉の程度」からではなく「脱商品化」という概念や尺度を用いて「福祉」にアプローチします。「脱商品化」とは何でしょうか？　人が労働力「商品」とならずとも生きていける度合いのことです。働けなくなっても、医療や介護を必要とする存在になっても、障害者となっても、家族や親類縁者がいなくても、失業しても、貧困になっても、生きていけるようなセーフティーネットの度合い――それを計る指標が「脱商品化」なのです。これははじめて聞いたときには、分かりにくく、すっきりとしない定義の仕方だなと感じました。しかしよくよく考えてみると、これは卓越した定義へのアプローチだったのです。まさに「福祉」の表側からではなく、裏面からその実質的なところを測定できるように工夫された方法だったのです。

まず第一に、それは「福祉の心」のような心理的な動機や理由を必要としません。つまり福祉国家や、行政や福祉施設などが「福祉の心」を持たなくても、またボランティアや支援者や慈善家のように福祉の価値を信じている必要もありません。福祉サービスが提供される原因や理由など、供給側の事情や理由や意識や原因などが捨象されるのです。与える側の都合や心理や動機ではなく、受ける側にたって、どのような条件のもとで、どのくらいのサービスや資源が提供されているのか、その実態によって福祉国家の程度を測定しようとするものなのです。提供側からでなく、需要側から定義する。考えてみればこれは逆転の発想です。しかも従来の定義にはない卓越した発想なのです。

では、このエスピン＝アンデルセンの方法で、「福祉国家」の全体像が分かるか。そこが難しいところです。『福祉資本主義の三つの世界』をよく読んでみると、その困難が見えてくると思います。

「福祉国家」の三つの世界

彼は、まず「福祉国家」を政治経済学からアプローチしようとします。そしてレジームという考え方を提出します。レジームとは直訳すれば「政治体制」ですが、統治システムや文化・規範システムの全体なども含んでいます。「福祉国家レジーム」が彼の「福祉国家」分析の中心概念となります。そして「自由主義的福祉国家」、「保守主義的福祉国家あるいはコーポラティズム的福祉国家」、「社会民主主義的福祉国家」の三つが、現代の（彼の言葉でいえば福祉資本主義における）三つの福祉国家レジームということになるのです。

この三つのレジームを構成する諸要因やその歴史的形成過程まで、さまざまに分析されているのですが、本書の枠を超えてしまうので、詳細についてはエスピン＝アンデルセンを参照していただくことにして、いくつか本書との関係で、留意すべきことを述べておきたいと思います。

まず第一に、エスピン＝アンデルセンは現代の福祉国家を「三つ」に集約していることに注目したいと思います。福祉国家には三つのタイプしかない、とはもちろん述べていませんが、主要なものは三つであるという主張が、さまざまな反響や反応を呼び起こしました。とりわけ日本の福祉国家研究者に波紋を投げかけました。日本は、このどれにあたるのか、判然としなかったからです（どれにも当てはまらないのかもしれません）。保守主義的でもあるし、自由主義的なところもあります。社会民主主義的でないことは間違いないかもしれませんが。日本がどのタイプにあたるのかは日本の研究者の論争をまきおこしました。

第二には、ジェンダーの要因を考慮していないという強い批判がありました。たしかにそうです。エスピン＝アンデルセンもこの批判には対応を迫られ、いくつか修正を発表しています。

第三には、方法論に関わることですが、測定できる要因、データ化できる要因は、多変量解析ではかなり有効に分析・分類可能ですが、データ化できない要因を考慮の外におくことになる、という限界は、つねにつきまといます。もっとも端的には、宗教的な要因がそれです。そもそも「福祉」という概念が、キリスト教的な由来をもっていると思います。そう考えてみると、自由主義、保守主義、社会民主主義という三分類は、じつは、キリスト教でいうプロテスタンティズム（とくにカルヴァン派）、カトリック、そしてルター派のキリスト教国とオーバーラップして見えてくるのです。もちろんエスピン＝アンデルセンはそんなことは書いていませんし、おそらく否定すると思います。しかし、そう見えることは確かです。社会福祉学や福祉国家論の研究者からは、あまり注目されず、ほとんど言及されることはありませんが重要なところだと思います。大澤真幸や柴田悠は、以前からそのことを指摘しています。[2]

想像するに、エスピン＝アンデルセンは、宗教から福祉国家を説明するのはあまりにも容易なために、それでは分析にならないと考えたはずです。宗教から福祉国家を説明することのないように、宗教的な要因を排除するために、多変量解析のクラスター分析のような方法をとったはずです。今日的な観点からすればＡＩに大量のデータを分析させて、仮説なし、前提なしに「福祉国家」を分類させたらどうなるか、といった先進的な方法で、「福祉国家」の分類を行ったのです。

その結果、宗教的な要因とオーバーラップする結果が出てきた。これをどう考えるか。すぐに結論のでる問題ではありません。しかし、私たちを深く考え込ませる課題ではないでしょうか。

（1）「定義」にかぎらず「本質」を導き出すのに、古来、二つの方法があるとされてきました。

演繹法と帰納法です。演繹（deduction）は、正しいとされている一般的・普遍的な前提から、より個別的・特殊的な結論を導き出す論理的推論の方法です。正しい前提からの論理的な導出だから結果も正しいということになります。ある意味で範囲の拡大によるトートロジー（正しいことは正しい）といえましょう。帰納（induction）は、個別的・特殊的な事例から一般的・普遍的な規則・法則を見出そうとする推論の方法です。帰納においては前提が真であるからといって結論が真であることは保証されません。なかなか難しいものなのです。ちなみに近年はやりのＡＩは、大量のデータの中から、関連性を見いだしていく総当たり戦のような方法（といえるかどうかわからないような方法）で、相関関係をみつけていく手法だと考えられます。前提が真であるかどうかにおかまいなしに、大量のデータの中からの関連性を見いだしていくだけですから、真実や本質を見いだす方法とは言えないでしょう。ただし検索やマーケティングには抜群の威力を発揮しているようです。

（2）大澤真幸『社会は絶えず夢を見ている』（二〇一一）、なかでも「キリスト教と社会福祉」の節を参照。

介護と福祉の社会化はどこへ向かうか

――「宅老所よりあい・よりあいの森」から考える

不思議な介護――「宅老所よりあい」の謎

福岡県福岡市中央区地行に伝照寺というお寺があります。ここの茶室を間借りして始まったのが「宅老所よりあい」[1]、今でいう認知症高齢者のディケアのはしりです。一九九一年といいますから、今からおよそ三十年前のことです。ホームページの「よりあいの歩み」を見ると、次のように始まったそうです。

「大場ノブヲさんという一人の女性がいらっしゃいました。大場さんは九二歳で一人暮らしをされていたのですが、ぼけを抱えたことで社会から孤立し、行き場を失っておられました。そんな大場さんの居場所を作る。それが「宅老所よりあい」のそもそもの始まりです。施設と呼べる場所もなく、最初は「伝照寺」というお寺のお茶室を

「午后の授業」
「銀河鉄道の夜」の冒頭におかれた「午后の授業」が行われているかのような羅須地人協会の内部です。(撮影・安立清史)

借りてやっていました。[2]」

この数行で、「宅老所よりあい」の本質がみごとに集約されています。介護保険以前なので、制度があるから始まったのではありません。少人数の人たちがゼロから共同して作っていったのです。のちに全国に大きな影響を及ぼすことになる「宅老所」というモデル――「老いても住み慣れた地域の中で暮らし続ける」ための試みが始まったのです。[3]今でいう認知症高齢者のための通所型デイケアサービスのはしりです。その後、全国に波及する「宅老所」モデルには、建物も「町中にある古民家の改造・改築型」が多かったのです。でも当初からそういうモデルをめざして始まったわけではありませんでした。「通って、ときには泊まって、やがてそこで暮らしはじめる」というケアの連続性、そういう理念も結果的にそうなっていったようです。まるで地域の助けあいの中から自然に生まれてきたようにみえますが、けっしてそうではないと思います。伝統的な流れのようですが、違うのです。現在では社会福祉や介護保険の仕組みも活用していますが、その仕組みだけで運営しているわけでもありません。見ればみるほど知ればしるほど不思議な謎に満ちた存在なのです。この「宅老所よりあい」や小規模特別養護老人ホーム「よりあいの森」から「介護の社会化」という問題を考えていくと、この理念の多義性や運営の困難さや課題も凝縮されて見えてきます。

当事者の視点と介護者の視点

まず大場ノブヲさんの立場にたって考えてみましょう。九十歳を越えてもひとりで暮らしていた本人には施設へ入所する理由も必然性もありません。「介護」など「要らぬおせっかい」です。これが当事者本人の気持ちです。しかし大場さんには認知症の症状が現れていて周囲は心配、とりわけ火の始末がです。なんとか入所してほしい。これが外部からの視点、介護側からの論理です。内からと外からでは、見え方に大きな違いがあります。「介護」や「介護の社会化」の必要性とその理由は、考えてみると内側（大場さん本人）からのものではなく、外側（家族や近隣など周囲の関係者）からのものです。でも「いらぬせっかい」と言われて退散するわけにもいきません。医療や福祉や周囲はなんとか大場さんを施設へ収容しようとします。大場さんは抵抗します。そして啖呵を切るのです――ここで行き倒れになるくらいの覚悟でいるのだ、いらぬおせっかいだと。これほど強い意志をもった高齢者に対抗できる医療や福祉の論理はあるのでしょうか。ここが第一の関門でした。「宅老所よりあい」創設者のひとり下村恵美子さんは考えたすえ、次のように切り出しました。「近所のお寺さんで寄り合いがあるので、ぜひ来て下さい」と。

大場さんにとって施設に通う理由はありませんが、お寺の寄り合いなら行かねばならない――これが、内と外の論理の見事な交差点でした。当事者の目線に立って、その内側からの納得をつかむこと――ここに「宅老所よりあい」の大きな発見があり、その独特のケア観と、新たな「高齢者に沿う介護」への入口があったと思います。そして思うのですが、大場さんの潜在意識の中にもひびくものがあったのでしょう。大場さんが「社会」の中で暮らしていけるようにという下村さんたちの努力への協調とでもよべるものが。「お寺の寄り合い」という表現は、まさにそこを絶妙に突いていたのだと思います。[4]

介護保険――福祉と保険のはざまで

介護保険制度は、社会福祉のニュアンスを残しつつも措置制度ではない社会保険の制度として成立して二〇〇〇年四月から施行されました。四十歳以上の日本国民にとって強制加入の社会保険制度です。この制度の設立理念として「高齢社会に対応した国民の共同連帯」がうたわれました。介護保険料という新たな社会保険料が発生するわけですから、その負担の代わりに高齢社会の介護不安への対応がいわれました。そして「措置から利用へ」、「介護の社会化」などが分かりやすいキーワードが打ち出されました。核家族化・小家族化した現代の家族では、超高齢社会の中で長期化する介護を家族だけでは担えなくなります。だから介護保険のような「介護の社会化」が必要だというのです。この「介護の社会化」は、本人、家族や介護者、そして制度および介護保険事業所などの三者の視点や意見の総合や統合によって実現するはずでした。それぞれが機能や役割を適切に分担しあって高齢社会における「介護」[5]という急拡大するニーズに応えていく、それが「社会化」の本義のはずでした。しかし不思議なことに介護保険制度の発足にあたっては、当事者本人の意識や希望が調査され反映された形跡はほとんどありません。医療保険の発足時と同じように、要介護高齢者のケアに必要な人材や技能、そして時間や費用が調査されただけでした[6]。今後も増大することが予想される介護ニーズにこれまでの公的な税負担だけでは応えられない、それゆえの社会保険への転換――さらに超高齢社会の新たな産業育成（シルバーサービス振興）という目的まで掲げられたのです。

制度の発足にあたっては、高齢者の心理や納得感など、様々な矛盾や問題は、いちど棚上げされて、制度の発足と施行とが最優先されました。ですから問題は解消されたわけではなく、凍結されて冷凍庫に入れられたのだと言えましょう。だから時間がたてば、当事者や家族や介護者の問題は溶け出してきて現れてくることになるのです。

「宅老所よりあい」は、制度の発足当初から、「介護の社会化」という理念や惹句のもつ矛盾や問題に意識的だったと思われます。でもこうした問題は、介護保険制度の中では長く凍結保存されてきて、表だってはあまり論議されませんでした。

「介護や福祉の社会化」とは何か

介護保険の唱えた「介護の社会化」という理念には、大場さんの事例のように本質的に折り合いにくい二つ（以上）の立場や視点が交錯しながら併存しています。当事者の視点と施設関係者の視点？——正確にいえばそうではありません。介護保険にとって当事者の視点は、はじめからほとんど考慮されていなかったようです。[7] 介護保険は、介護する家族の視点と、制度や政策の視点（政府行政と施設や事業所など）の二つで成り立っていると言えるのではないでしょうか。

当事者の視点は——無視されているというより、そういうものが存在するということ自体が認識されていませんでした。そもそも要介護や認知症の高齢者が、自分の意思や意見をもち、それを主張する存在とは見なされていませんでした。なぜでしょう。

その理由として、介護保険制度のモデルが医療モデルから来ているからではないでしょうか。病院で診察を受けた人が、あれこれ当事者の視点で、診断や治療法に意見や異論を申し立てるでしょうか。申し立てたところで、そんな意見は制止されるだけのことです。病院での治療は、専門家による短期的で集中的なもので、そうでなくては治療の効果がないと信じられているからでしょう。

ところが「介護」の場合は違います。そもそも短期的な「治療」ではなく、意思決定が困難かもしれない人たちへの、いつ果てるともわからぬ（もしかすると生涯にわたる）長期的なケアかもしれないものです。それなのに、あるいはだから、というべきでしょうか——当事者本人の意見はほとんど聞かれることがありません。

「家に帰ります」

高齢者施設に入所した人たちの多くが起こす行動、それが夕方になると「家に帰ります」といって施設から脱出しようとすることだといいます。無理もない話です。そこは自宅ではないのですから。そしてそこに居る理由が、本人には納得できていないのですから。自分には帰るべき家があるからと出て行くそうです。そして、出て行くと、道を見失います。そもそも空間的な認知機能も障害を受けているからでしょうか。自分がどこに住んでいたのか、ここがどこで、どこへ向かったらよいのか、そういうことが混乱して分からなくなるようです。だから、えんえんと歩き回ることになります。行方不明になります、大騒ぎになります。そこで、多くの施設が玄関にカギをかけることになりました。私が見学した大きな施設では、わざわざ徘徊する人が歩き回るための回廊まで作られていたほどです。

「宅老所よりあい」もこの問題には悩まされたようです。しかしほかの施設とは違った

「下ノ畑ニ居リマス」
1926年（大正15年）、花巻農学校を依願退職した宮沢賢治は「羅須地人協会」を設立し農民になろうとしました。その家に肥料相談などで訪れる人のため、このような案内があったそうです。（撮影・安立清史）

画期的な方法を編み出しました。そもそもそんなことは実行不可能だと思われていた方法をとったのです。それは、施設から出て行く高齢者のあとを、職員がひとり、延々とついていくという方法でした。認知症の高齢者は歩きます。しかしやがて行くべき方向を見つけられず、つかれて途方にくれます。つかれたところで、職員が手をひいて施設にもどってくる——そういう方法とも呼べない方法、むしろ方法以上の方法を実践したのです。これはすごいことで、とても真似できないと誰もが思いました。とりわけ家族には絶対にといってよいほど出来ない方法のようです(8)。

その他、村瀬孝生の諸著作に描かれている「宅老所よりあい」での驚愕すべき（抱腹絶倒で、やがて悲しさの漂う）エピソードの数々は、認知症を患った人たちが、当事者の視点を失っているどころか、むしろますます当事者の視点に強固にこだわるようになることを示しています。そのために周囲との軋轢が泣き笑いの悲喜劇となるようです[9]。では当事者の視点をそのままに、当事者主体のケアに転換すればそれで良いかというと、そうはならないのです。そこが認知症ケアと「介護の社会化」の難しいところでしょう。

家族介護の行方——近代化と介護の外部化

「介護の社会化」は、どのような概念だったでしょうか。それは「近代化論」の文脈で考えられてきました。社会の近代化は、産業化や工業化、都市化や分業化と切り離せません。家族社会学の教えるところでは、社会の近代化が進むと世界中ほとんど例外なく核家族化や小家族化が進むそうです。すると大家族の時代には家族内部でまかなわれていた様々な役割や機能が、家族ではまかなえなくなって外部へ放出されることになります。家族社会学者オグバーン（W.F. Ogburn）の説によれば、近代化以前の家族は七機能（①愛情機能 ②経済機能 ③教育機能 ④宗教機能 ⑤娯楽機能 ⑥保護機能 ⑦地位賦与機能）を担っていました。ところが近代化に伴って家族の役割は縮小し外部の専門機関へ放出されていきます。分かりやすい一例が、教育機能の学校への外部化や保健機能の病院への放出などです。この近代化論にしたがえば、従来は家族の役割であった「介護」も外部化され専門機関へと放出されることになるわけです。

……と、ここまでは近代化論の文脈で容易に理解できることです。しかし本当の問題はこの先にあります。近代化は、いったいどこまで行くのか。家族機能の縮小や合理化はどこまで進むのか。行き着く先はいったいどこなのか。家族の機能は縮小してやがては消滅するのか。つまり家族の本質的機能とは何かという疑問です。そう考えると近代化は、近代化の理論だけでは解けない問題をふくんでいます。社会学者・見田宗介は本質的に解決されぬまま冷凍保存されてきた問題だといいます[10]。ゆえに近代化が一段落すると、問題が徐々に解凍されて表に出てくるのです。「介護の社会化」の問題もこのように理解できると思います。

何をいまさら、と言われそうな当たり前の問いが解決されず先送りされ、この三十年ほどの間に急速に解けだしてきたのです。家族の危機——その典型が「一・五七ショック」(一九八九年)で表に出てきた少子化の問題でしょう。少子化は日本社会を縮小させていく大きな問題として話題になりましたが、驚くべきことに三十年以上たっても、それを解決する方法は未だに見つかっていないのです[11]。こんなに大騒ぎしてきたのに、です[12]。

これまで家族にとって出産と育児・子育てという「生命の再生産」機能だけは外部化できないと言われてきました。しかしはたして本当にそうでしょうか。生命工学の進展によって、その根幹すら揺らぎはじめています[13]。少子化と高齢化が進めば、介護機能だけでなく、出産や保育、子育ても、家族が担うことは困難になるかもしれません。そうなるといったい家族はどうなるのでしょう。家族に存在理由はありつづけるのでしょうか。

「介護の社会化」の先に何があるのか

近代化の理論によれば、家族は産業社会化という社会構造変動に適応するために、家族機能を縮小させて、それまで家族が果たしてきた様々な機能を外部の専門機関へと放出する、といいます。放出と代替、それが近代化を推進する最も合理的な方法だとされます。家族も社会も、ごく少数の本質的で専門的な機能に縮小していくというのです。社会進化論的な、おそろしくシンプルな見方です。だから、いちど外部へと放出された機能を、もういちど引き受け直す（再・共同化）というような論理は持ち合わせていないようです。

いったん「介護」を外部に放出されたら、もういちど家族がそれを担いなおすなど、非合理そのものだからです。でも、ほんとうにそうなのでしょうか。

「よりあい」が目ざしてきたのは、このような単純すぎる合理化の見方と、「介護」機能の一方向的な外部放出に抗《あらが》うことだったのではないでしょうか。家族の役割や機能が縮小して、多くの役割が外部化していったあと、どうなるのでしょうか。それを根本的に問い直すことが「よりあい」の「問い」ではないかと思います。

「よりあい」は、近代化の単純すぎる「社会化」の論理を問い直しているのではないでしょうか――そんなにかんたんに、人は「家族」の機能を外部化することが出来るのか、家族のつながりや「介護」はそんなにかんたんに外部へ放出できるものなのか、と。

たしかに、放出したあとに空虚感がのこります。双方に納得しきれないものがのこるのです。施設の高齢者の混乱を見るとそれが分かります。「家族」がとことん頑張ったあげく突然離れて行きます。この大きな切断は、かんたいに解決しきれない問題で、「よりあい」では、残された高齢者と職員との間で、家族からバトンタッチされた複雑なドラマが反復して再演されることになります。村瀬の著書の泣き笑いのドラマはまさにそれが中心です。このドラマには、どのような結末があるのでしょうか。結末はあるのでしょうか。

施設の職員は、放出された先の疑似家族になれるのでしょうか。施設の職員はドラマの結末を担えるのでしょうか。

これは重い「問い」です、重すぎる「問い」です。だからこそ家族は専門家に委託して、この重さを専門的な技術で解決・解消してもらいたいのです。解消できると思いたいのです。

ここから家族と入所する高齢者と施設の職員との間の複雑な三角関係が生まれるようです。ここに「正解」はありえません、家族は担いきれません、施設も担いきれません、当事者は混乱します。村瀬の描くエピソードから何かを受け取るとすれば、それぞれが、少しずつ、関わりながら納得を引き出すことしか出来ないということなのではないかと思います。重要なポイントは、家族が、いちど放出した役割を、小さくてもいいからもういちど担いなおす（再・共同化する）ということではないでしょうか。もっと言えば、そのことを通じて、家族の細い絆を、小さいながらも再生させる、ということにあるのではないでしょうか。しかし、そのようなことが果たして可能なのでしょうか。

老人ホームに入らないための老人ホーム

二〇一五年四月、小規模な特別養護老人ホームとして福岡市城南区別府に新しく「よりあいの森」が開所しました。施設長（現在は代表）の村瀬孝生によると、この施設のコンセプトは「老人ホームに入らないための老人ホーム」だといいます。どういうことでしょうか。

それは、施設に依存する「介護の社会化」ではなく、また施設に依存させてしまう老人ホームとも違うものをめざす、ということのようです。「介護」を外部委託するための施設であることを批判的に乗り越えようとする試み――それが「施設に入らなくても良いようにするための施設」という、ひねりのきいた逆説的なコンセプトになっているのではないでしょうか。

これまでの考察で明らかなように、介護老人福祉施設が「介護の社会化」の受け皿として位置づけられると、「介護」は専門機関へと外部化していく一方向的な流れになります。[14] 外部化は委託や「お任せ」になって、家族と高齢者との関わりは面会程度になります。多くの施設では、入居者の家族はあまり頻繁には訪れないといいます。会いに行くことがつらくなる、どこか後ろめたい気分になるのかもしれません。[15] ときには、そのために介護保険料を支払っているのではないか、入居者の介護料や利用料等をきちんと支払っているのではないか、と開き直る人たちもいるといいます。

しかしそのような「介護」の苦労を外部へ放出するだけの外部委託や市場化としての「介護の社会化」では、本当の問題は凍結されたまま、忘却されることになります。[16] 村瀬は、「介護」を忘れるためにではなく、「介護」とともに生きる社会、そういう「介護の社会化」がありうるのではないか、と問いかけているのではないでしょうか。

しかし、そう受け取ると、近代化や専門化に反して、伝統的な家族主義への回帰、家族による介護のほうが施設ケアより望ましいのだという反時代的な主張――そう誤解されかねないのです。[17]「よりあい」は、介護保険制度のもつ近代化と合理化と専門化の原則を、ある程度までは肯定します。しかしそれで終わりではない、その先がある、その先こそが大切だ、と口ごもりながら主張しているように思われるのです。どういうことでしょうか。

介護しない介護

村瀬は「よりあいの森」に入職した職員に、マニュアルにあるようなケアはしない、介護者にならない、「何もしない」ことの重要さなどを教えると言います。「介護の社会化」

どころかほとんど「介護」の否定のような表現で「よりあい」のめざす「介護」を表現しているのです。村瀬は、まるで禅の公案のように、職員に自分で考えることを求めているようです。「積極的なケアはしない、介護者にならない、つまり何もしないところから始めよう」というのは、かなり高度な専門職者でなければ理解も実行もできないものでしょう。普通の介護施設では、高齢者の要介護度を見ながら、ケアマネージャーが事前に作ったケアプランにしたがって、一日のプログラムが動いていきます。食事の時間、排泄のタイミング、リクリエーション、おやつ、入浴、そして食事介助。コロナ以前なら散歩などもあったかもしれません。このようなプログラムを流れ作業のように進めるので、ひとりひとりの高齢者をじっくり見ることは困難かもしれません。そうなると高齢者を見てケアをするのではなく、ケアプランを見てその通りにこなしていく、ということになります。介護保険での「介護」は医療モデルを参照していると言いましたが、半ば治療行為のように介護が進行することになります。医療ではない介護ですが、そこに公費や保険料が注がれるとしたら何かをしなければならない。「ケア」の名にあたいする専門的行為を行わなければならないことになります。介護予防として筋トレマシンが導入されたこともありました。効率的に入浴介助できるというので高価な機械浴槽が導入されたりもしました。それは制度ばかりをみて高齢者を見ていなかったからではないか――村瀬はそう言いたかったのではないでしょうか。高齢者をケアプランに合わせるのではなく、高齢者の必要とすることに沿っていくこと――それこそ専門職の役割ではないか、そう言いたかったのかもしれません。しかし全国に数万以上ある介護保険事業所[18]にとってみれば、村瀬のいうような高齢者に「沿う」ケア[19]は、実行不可能にみえたでしょう。国の基準にあわせて介護職員を配置することじたいが困難になっている現状からすれば、事業所の運営も経営も成り立たない――それが多くの介護現場の実情かもしれません。

「社会化」の先の〈社会化〉

最後にもういちど、「宅老所よりあい」が「お寺の寄り合い」という絶妙の表現で大場さんを説得したことを思いだしておきましょう。それはじつに意味ぶかい説得だったのではないでしょうか。

「お寺の寄り合い」は日本の伝統的な社会技術でした。農村などの共同社会の中心にあった「お寺」を舞台にして、家族と地域社会とのつながり、協力と連帯を調整するものでした。「結い」と呼ばれる田植えや収穫の共同作業、茅葺き屋根の数年に一度の葺き替え作業など、集落で共同して行う作業は、寄り合いを通じて決定されていったそうです。民俗学者の宮本常一は、全国の農村を歩いて村々の課題がどう解決されていったか、その寄り合いの記録文書を詳しく調べた人です。すると驚くべき緻密さで、その相談内容が記録され、寺や神社の倉庫に大切に保管されていることを発見しました。これが日本の昔ながらの共同体の流儀であり社会技術だったのでしょう。村の寄り合いをつうじての「社会化」——それは近代社会の「社会化」とはひと味ちがったものでした。社会化は外部化ではなく市場化でもなく共同性へと回帰してくるものでした。

ところが明治以降の近代化は、市場経済の荒波が押し寄せてきて、共同体の「結い」などはその多くが失われてしまいました。近代化以前の日本の共同体は、たんに機能の外部化で終わらせませんでした。それだけでは早晩行き詰まるのです。外部化を放出や委託としてではなく、もういちど共同化していく——それを今の流行語でいえば「持続可能(sustainable)」なシステムにしていくということだったでしょう。いったんは外部化しますが、それは回帰して再共同されることで持続可能なものになっていく——そういう持続可能にするメカニズムがありました。「よりあい」をつうじて納得するまで話し合い、それが村の共同性に命を吹き込んだのではないでしょうか。でも今さら「お寺さんの寄り合い」を復興させるのは難しいでしょう。しかし別の形でそれを再生させることは不可能ではないと思います。

「介護と福祉の社会化」の先にあるもの

こうした課題を社会学的に言い換えてみたいと思います。いささか難しい言い方になるのですが「外化を通じての内化」（真木悠介）という概念が有効なのではないかと考えます[20]。考えてみれば介護保険も社会福祉もすぐれて「現代社会」の課題です。社会福祉は、日本では戦後、ＧＨＱの占領政策によって日本政府への指令の中から生まれてきたものとされています。さらに国民皆保険になったのは一九六一年、福祉六法が整備されたのも一九六〇年代のことです。日本が福祉国家らしくなったのは考えてみればわずか六十年ほど前からなのかもしれません。介護保険制度も二〇〇〇年からですから、まだまだ歴史は浅いのです。それまで介護は家族の役割とされていました。核家族化・小家族化、高齢社会化などで、家族が担えなくなったので、いわゆる「社会化」する政策がなされ、福祉国家の役割だとされてきました。しかしそれだけでは担いきれなくなるのです。明治からの日本の近代化は、家族や地域で担えなくなった問題を外部へ放出してきた過程でもあります。矛

弦書房

出版案内

2024年 春

『小さきものの近代 2 』より
絵・中村賢次

弦書房

〒810-0041　福岡市中央区大名2-2-43-301
電話　092(726)9885　FAX　092(726)9886
URL　http://genshobo.com/　E-mail　books@genshobo.com

◆表示価格はすべて税別です
◆送料無料（ただし、1000円未満の場合は送料 250円を申し受けます）
◆図書目録請求呈

近代化遺産シリーズ

北九州の近代化遺産

北九州市地域史遺産研究会編　日本の近代化遺産の密集地・北九州市を門司・小倉・若松・八幡・戸畑5地域に分けて紹介。
2200円

産業遺産巡礼《日本編》

市原猛志　全国津々浦々20年におよぶ調査の中から、選りすぐりの212か所を掲載。写真六〇〇点以上。その遺産はなぜそこにあるのか。
2200円

九州遺産　《近現代遺産編101》

砂田光紀

世界遺産「明治日本の産業革命遺産」の九州内の主要な遺産群を収録。八幡製鐵所、三池炭鉱、集成館、軍艦島、三菱長崎造船所など101施設を紹介。**【好評10刷】**　2000円

熊本の近代化遺産 上 下

熊本産業遺産研究会・熊本まちなみトラスト
熊本県下の遺産を全2巻で紹介。世界遺産推薦の「三角港」「万田坑」を含む貴重な遺産を収録。
各1900円

筑豊の近代化遺産

筑豊近代遺産研究会
日本の近代化に貢献した石炭産業の密集地に現存する遺産群を集成。巻末に300の近代化遺産一覧表と年表。
2200円

考える旅

農泊のススメ

宮田静一　農村を救うことは都市生活を健全にする。「長い休暇を楽しむために働く社会」にしませんか。
1700円

不謹慎な旅　負の記憶を巡る「ダークツーリズム」

写真・文／木村聡　「光」を観るか「影」を観るか。40項目の場所と地域をご案内。写真165点余と渾身のルポ。
2000円

イタリアの街角から　スローシティを歩く

陣内秀信　イタリアの建築史、都市史の研究家として活躍する著者が、都市の魅力を再発見。甦る都市の秘密に迫る。
2100円

近刊

＊タイトルは刊行時に変わることがあります

平島大事典

鹿児島の南洋・トカラ列島の博物誌

稲垣尚友【2月刊】

満腹の惑星

木村　聡【2月刊】

福祉社会学、再考

安立清史【4月刊】

◆出版承ります

歴史書、画文集、句歌集、詩集、随筆集など様々な分野の本作りを行っています。ぜひお気軽にご連絡ください。

☎ 092（726）9885
e-mail books@genshobo.com

新刊

渡辺京二×武田修志・博幸 往復書簡集

名著『逝きし世の面影』を刊行した頃（68歳）から二〇二二年12月に逝去される直前（92歳）までの書簡220通を収録。その素顔と多様な作品世界が伝わる。 2200円

風船ことはじめ

松尾龍之介

一八〇四年、長崎で揚がった日本初の熱気球＝風船が、なぜ秋田の山中に伝わっているのか。伝えたのは、平賀源内か、オランダ通詞・馬場為八郎か。 2200円

新聞からみた1918《大正期再考》

長野浩典 一九一八年は「歴史的な一大転機」の年。第一次世界大戦、米騒動、シベリア出兵、スペインかぜ。同時代の人々は、この時代をどう生きたのか。 2200円

近現代史

◆熊本日日新聞連載「小さきものの近代」

小さきものの近代 1

渡辺京二最期の本格長編 維新革命以後、鮮やかに浮かびあがる名もなき人々の壮大な物語。 3000円

小さきものの近代 2

国家や権力と関係なく〈自分〉を実現しようと考えた人たちがいた。◆本書第二十章「激化事件と自由党解党」で絶筆・未完。 3000円

◆渡辺京二の本◆

[新装版]黒船前夜 ロシア・アイヌ・日本の三国志

◆甦る18世紀のロシアと日本 ペリー来航以前、ロシアはどのようにして日本の北辺を騒がせるようになったのか。 2200円

肩書のない人生 渡辺京二発言集2

昭和5年生れの独学者の視角は限りなく広い。一九七〇年10月～12月の日記も初収録。 渡辺史学の源を初めて開示。 2000円

◆石牟礼道子の本◆

海と空のあいだに 石牟礼道子全歌集

解説・前山光則 一九四三～二〇一五年に詠まれた未発表短歌を含む六七〇余首を集成。 2600円

色のない虹 石牟礼道子〈句・画〉集

解説・岩岡中正 未発表を含む52句。句作とほぼ同じときに描いた15点の絵（水彩画と鉛筆画）も収録。 1900円

[新装版]ヤポネシアの海辺から

対談 島尾ミホ・石牟礼道子 南島の豊かな世界を海辺育ちのふたりが静かに深く語り合う。 2000円

話題の本

生きた言語とは何か 思考停止への警鐘

大嶋仁 言語には「死んだ言語」と「生きた言語」がある。言語が私たちの現実感覚から大きく離れ、多用されるとき、私たちの思考は麻痺する。 1900円

生き直す 免田栄という軌跡

高峰武 獄中34年、再審無罪釈放後38年、人として生き直した稀有な95年の生涯をたどる。釈放後の免田氏が真に求めたものは何か。冤罪事件はなぜくり返されるのか。

◆第44回熊日出版文化賞ジャーナリズム賞受賞 2000円

◆橋川文三 没後41年

三島由紀夫と橋川文三

宮嶋繁明 二人の思想と文学を読み解き、生き方の同質性をあぶり出す力作評論。 2200円

橋川文三 日本浪曼派の精神

宮嶋繁明 『日本浪曼派批判序説』が刊行されるまで（一九六〇年）の前半生。 2300円

橋川文三 野戦攻城の思想

宮嶋繁明 『日本浪曼派批判序説』刊行（一九六〇年）後から晩年まで。 2400円

◆水俣病公式確認68年

日本におけるメチル水銀中毒事件研究2020

水俣病研究会 4つのテーマで最前線を報告。これまでとはまったく違った日本の〈水俣病〉の姿が見えてくる。 2000円

死民と日常 私の水俣病闘争

渡辺京二 著者初の水俣病闘争論集。市民運動とは一線を画した〈闘争〉の本質を語る注目の一冊。 2300円

8のテーマで読む水俣病 [2刷]

高峰武 水俣病と向き合って生きている人たちの声に学ぶ、これから知りたい人のための入門書。学びの手がかりを「8のテーマ」で語る。 2000円

◎FUKUOKA Uブックレット◎

⑨**かくれキリシタンとは何か** オラショを巡る旅

中園成生 四〇〇年間変わらなかった、現在も続く信仰の真の姿。 [3刷] 680円

㉑**日本の映画作家と中国** 小津・溝口・黒澤から宮崎駿・北野武・岩井俊二

劉文兵 日本映画は中国でどのように愛さ

㉒**中国はどこへ向か**

国際関係から読み解

毛里和子・編著

㉓**アジ**

盾を放出して社会へ委ねても、問題の根本的な解決にはならず、とりあえず外部化しただけのことです。それは誰が担うのでしょうか。最終的には行政と市場が担うことになります。しかし誰がそうした責任を最終的に負えるのでしょうか。政府や行政には、そのような人員も能力もありませんでした。そこで政府行政も外部委託して、社会福祉協議会や社会福祉法人というような機関へ外部化していったのです。そこでも担いきれなくなって介護保険制度へとつながっていきました。つまり外部化の連鎖の結果が、介護保険制度の現在につながっていると考えられます。ここまでは近代社会の論理的な帰結です。

さて、その先が考えどころだと思います。二〇世紀の（戦争国家から福祉国家へという）「福祉の起原」のその先を考えると、福祉の先には「福祉国家の危機」が来るのです。個人や家族や地域社会で担えなくなった課題を、社会へと外部化していく過程が行き詰まるのが「福祉国家の危機」です。外部化して専門機関に委ねていく行く末は、政府行政では担いきれなくなって、規制をかけたうえで疑似市場化していく——それが介護保険制度の道筋でした。その先は本格的な市場化しかありません。これをもういちど政府行政の責任に戻すというのはおそらく不可能です。するとどうなるでしょうか。外部化への流れは無限には続かないとしたら、外部化をあるところで内部化へと回帰させることが必要になってくるでしょう。旅する人は行ったきりではなく戻ってきます。行って還ってくることで人間社会が成り立っているとしたら、介護や福祉も、外へ外へと外部化していくだけでなく、あるところから内部へ還ってくるのではないでしょうか。ここは慎重にならなければなりませんが、そう考えられるかもしれません。

近代化は外部化や専門化でもあります。それは必然ですが、外部化をとおしていずれ自らの関わりや共同責任といったものも回帰してくることでしょう。だとすれば「介護の社会化」は単純な一方向のものではなく「再帰的近代化」[21]のようなプロセスであるとも考えられます。外部化がいきつくと、もういちど内部化へという往還のメカニズムへの転回がおこるのかもしれません。それは単に元に戻ることではありません。その違いを考えるうえで真木悠介の「外化を通しての内化」という理論枠組みを参照してみたいのです。私たちは「社会・内・存在」です。「介護」の問題についても同じです。近代化とともに私たちは「介護」を外部化していきます。それは「介護からの疎外」でもありますが、その前に「介護への疎外」があったことを気づかせてくれます。「介護の社会化」は、まさにこの二重の疎外と矛盾のせめぎあいなのかもしれません。どのような解が見いだせるでしょうか。真木はごまかしのない、そして難しい方法を提唱します。「諦めるのではなく明らかに見る」ことが大切だというのです。二つの疎外は「あれか、これか」の二者択一ではなく弁証法的な過程なのかもしれません。「外化を通しての内化」のその先はどうなるのでしょうか。

いちど外へ放出されたものが、もういちど内へと還ってきて、再・共同化することは可能でしょうか。近代化や産業化というメカニズムが一巡して、日本社会が大きく変わってきたあとで、「宅老所よりあい」や「よりあいの森」は、この大きな課題に挑み続けているように思えるのです。

（1）「宅老所よりあい」についてはすでに多くの紹介や文献があります。初期のものとしては井上・賀戸による『宅老所「よりあい」の挑戦―住みなれた街のもうひとつの家』（一九九七）が、また創設メンバーの下村恵美子や村瀬孝生も多くの著作を発表しています。私も『超高齢社会の乗り越え方』で「介護をこえる〈介護〉はどこにあるか」等で村瀬の発言を紹介しつつ考察しています。しかしこれまでのところ「宅老所よりあい」の不思議さや謎を十分に解明した論考はないように思われるのです。

（2）「宅老所よりあい」のホームページより。なお「宅老所」であって「託老所」ではないことに注意して下さい。「託老所」だとしたら、それは家族が高齢者を外部機関に委託するという意味になります。託児所と同じであって当事者の視点はありません。しかし「宅老所」には高齢者にとっては自宅のような場所という意味になるのです。建築家・外山義は「自宅でない在宅」をめざしているといいます。外山義『自宅でない在宅―高齢者の生活空間』(二〇〇三)。もちろん「老」という字は、児童と老人という、ふつうの大人とは異なったカテゴリーに分類される存在を含意しています。ですから現在では「老人」や「老人福祉」という語は使わないのが正しいことになっています。しかし「宅老所よりあい」では、あえてそうした社会の常識に挑戦するかのように「宅老所よりあい」という名前を使い続けています。もちろん託児所・託老所と「宅老所」との違いをすぐに感知することは難しいでしょう。「宅」と「老」と「所」という三つの概念が、それぞれに独自な意味や方向性を主張しあっているからです。矛盾とそれゆえの挑戦的な問題提起をふくんだ命名というべきかもしれません。

(3) 「宅老所よりあい」にはモデルがありました。島根県出雲市にある「ことぶき園」(槻谷和夫施設長)だそうです。しかし「宅老所」という命名をしたのは下村恵美子たちです。

(4) この論理は、外国からの留学生にはすぐには理解しがたいようです。ある留学生は、これは高齢者を欺したことになると言いました。たしかに表面的にみればそう見えてしまうのが難しいところです。

(5) 制度の設計がはじまった当初は、増大する老人医療費の、医療保険からの切り離しも目的のひとつだったようです。「寝たきり老人」問題への、医療ではなく介護保険からの対応がはかられたのです。病院への入院が不必要なのに病院に入院している「社会的入院」の解消も目的のひとつとされていました。

(6) 要介護の基礎データは、介護施設である特別養護老人ホームでの「二四時間タイム・スタディ」から算出されました。介護保険制度の費用計算の基礎にあたって特別養護老人ホームに入所している人の一日とそのケアにかかる人員や時間をストップ・ウォッチ片手に詳しく調査されたのです。しかし在宅での生活実態や訪問介護などの事例は調べられていません。

(7) ここで問題にしているのは「パターナリズム」（子どもを慮る親のような視点）からみた「当事者の視点（という仮称）」つまり「関係者がそう慮ること」という問題なのです。

(8) 自分の肉親が認知症になって、これまで出来ていたことが出来なくなると、ついつい叱ってしまうのです。あるいは教え諭し教育しようとすらします。何度言っても直らないと怒ってしまうのです。親密な人との関係で、この悪循環を断ち切ることは困難です。とりわけ認知症の初期段階では、相当に困難だと思います。

(9) たとえば社長だった人は認知症になるとますます社長らしく、教員だった人はますます教員らしくなるそうです。そして他者のお世話になることを、断固、拒絶するそうです。

(10) 見田宗介『現代社会はどこに向かうか』（二〇一八）

(11) 家族社会学の最大の課題のひとつであるにもかかわらず、また政治や政策の大きな課題であるにもかかわらず、数十年をかけても解明できず、少子化対策の効果もあまり上がっていないというのは真に驚くべきことです。

(12) もしかすると近代社会はこの問題を本質的には解決できないのではないかとすら思えます。社会学者・赤川学は「少子化のどこが悪いか」と反問しています。しかし問題はその先にあるのではないでしょうか。

(13) 生命科学、遺伝子工学、iPS細胞、ゲノム技術など、どれもみなこの問題をターゲットにしています。

(14) 老人保健施設は、医療機関と老人福祉施設、あるいは施設と家族や家庭との間に一時的に滞在してケアをうける「中間施設」のはずでした。すくなくとも建前では、いまでもそうなっているはずです。強制的な収容施設ではないのですから自宅にもどることも可能なはずなのです。でも多くの場合、自宅にもどることはありません。

(15) 親を施設に預けるということの罪悪感ゆえに、自宅で面倒をみつづけ(まさに「面倒」なことであったのでしょう)、家に閉じ込められるようにして亡くなっていった高齢者の事例は少なくありませんでした。家族介護こそが望ましいという家族規範は、高齢期が長期化するにしたがって逆機能化していきます。老老介護や、介護虐待の事例はそうやって起こるようです。家族の絆と介護とが役割分担していく必要性は多くの専門家が指摘しています。たとえば、石川治江『介護はプロに、家族は愛を。』(二〇〇〇)など。しかしそうかんたんに割り切れるものでしょうか、そこにも問題があります。

郵便はがき

料金受取人払郵便

福岡中央局
承認

59

差出有効期間
2024年6月
30日まで
(切手不要)

810-8790

156

福岡市中央区大名
二—二—四三
ELK大名ビル三〇一

弦書房

読者サービス係 行

通信欄

年　　月　　日

このはがきを、小社への通信あるいは小社刊行物の注文にご利用下さい。より早くより確実に入手できます。

お名前

（　　歳）

ご住所

〒

電話　　ご職業

お求めになった本のタイトル

ご希望のテーマ・企画

●購入申込書

※直接ご注文（直送）の場合、現品到着後、お振込みください。
送料無料（ただし、1000円未満の場合は送料250円を申し受けます）

書名	冊
書名	冊
書名	冊

※ご注文は下記へFAX、電話、メールでも承っています。
弦書房
〒810-0041 福岡市中央区大名2-2-43-301
電話 092(726)9885　FAX 092(726)9886
URL http://genshobo.com/ E-mail books@genshobo.com

（16）村瀬によれば、現在の利用料と提供できるサービス——それだけでは全然足りません、ということのようです。必要最低限のケア、しかも定型的なケアでもそうなのですから、「よりあいの森」のような利用者それぞれに合わせたケアなど望むべくもないのでしょう。

（17）そうではないとかんたんに言うことが難しいので、前著『超高齢社会の乗り越え方』では長々と説明することになったのですが。

（18）厚生労働省は毎年「介護サービス施設・事業所調査」を行っておりホームページ上で結果が報告されています。しかも法人と事業者と事業所はことなり、さらに様々な事業所区別があってその内容は複雑をきわめます。大きく分けると特別養護老人ホームなどが約八千施設、有料老人ホームなどが約一万四千施設、認知症高齢者のためのグループホームが約一万二千施設あります。そのほかにも医療系の老人保健施設など様々な施設があります。

（19）村瀬によれば「沿う」と「添う」は違うのだそうです。「寄り添う」場合、主体は介護者のほうにありますが、「沿う」場合には、主体は高齢者のほうにあります。高齢者の動く方向に介護者が沿っていくのです。

（20）真木悠介・大澤真幸『「現代社会の存立構造」を読む』（二〇一四）を参照。

（21）ベックやギデンズの概念ですが、このように解すれば、持続可能な近代化としての「介護の社会化」というものも見えてくるかもしれません。

第二章

戦うことと戦う

私たちは何者でしょうか。二〇世紀は戦争と革命とナショナリズムの世紀だったと言われます。それらを乗り越えたつもりでいた私たちに冷水を浴びせかけたのが二一世紀最初の年におこった九・一一テロでした。日本では東日本大震災と原発事故が、世界では東西の新たな対立が深刻化しています。そして世界的なコロナ・パンデミックのさなかにロシアによるウクライナ侵攻がはじまり、世界中が「戦争」に取り憑かれたようになっている現在――私たちとはいったい何者なのか、誰にも分からなくなってきています。

こういう時こそ、十年、百年、千年の視野をもっていなければならないのかもしれません。でもいきなりそこまでいくのは難しいのです。そこで「戦争」とは何かを考えるにあたって、二人の加藤（加藤周一と加藤典洋）を参照したいと思います。二人は深く「戦争」を、そして「戦後」を考えた人だったと思います。加藤周一は太平洋戦争の始まった時に学生でした。親友たちが徴兵され戦場に送られた世代です。戦時中からもそして戦後も一貫して戦争反対の人でした。その彼が一九六八年の「プラハの春」をプラハで経験したことは彼に強い影響を与えました。チェコスロヴァキアの民主化をソ連軍が侵入して抑圧したのです。それにたいするプラハ市民の武力によらない抵抗――それを一言で要約すると「言葉と戦車」ということになるでしょう。圧倒的に無力な言葉が、圧倒的な武力の戦車にどう対抗できるか。これが彼の主題でした。

もうひとりの加藤典洋は戦後の「団塊の世代」の生まれですが、「戦後」がなぜいつまでも続くのかという問題と格闘した人です。その理由を占領以来ずっと日本を覆いつづける「アメリカの影」として考え始め、やがて日本は戦争とその敗戦を否認しつづけてきたのではないかという「敗戦後論」の主題へ、さらに戦争の直後に生まれたいくつかの可能性の再検討へと展開しました。そのキーワードのひとつが「敗者の想像力」でした。敗北の直視と受け入れの困難をどう乗り越えるか、敗者の中に生まれる想像力にその可能性がある、というのが典洋の考えだったと思います。ウクライナで起こった戦争に世界が巻き込まれている現在、二人の加藤のことを考えてみたいと思います。

そのテーマは——「戦う」ことと戦う、です。戦争にたいして戦争するのではなく、戦って勝つのとは違う可能性があるのではないか——それこそ二人の加藤が求め続けたことではないでしょうか。「プラハの春」や「イスクラによる回心」は同じことでないかもしれません。でもその可能性を消し去ることはできないと思います。

私たちはまだ戦争と敗戦と、そのあとの「戦後」を乗り越えてはいないのですから。

「プラハの春」と「言葉と戦車」

「言葉と戦車」ふたたび

私たちは経験や歴史からどのくらい学ぶことが出来るのでしょうか。二〇二二年現在、既視感（déjà-vu）のある「戦争」が起こっています。コロナ・パンデミックの時には、さすがに百年前のスペイン風邪を「既視感」とともに思い起こす人は少なかったかもしれません。しかし今回のロシアによるウクライナ侵攻は、一九六八年の「プラハの春」へのソ連の侵攻を強く思い起こさせます。また同じようなことが起こっているのかという強い既視感です。

一九六八年のプラハの春とその後に起こったソ連軍戦車の侵攻については、加藤周一が『言葉と戦車』（一九六九）という有名な著作を発表して大きな反響をよびおこしました(1)。この時も、ソ連はチェコスロヴァキアの民主化（いわゆる「プラハの春」）に社会主義への脅威を感じて戦車による侵攻を行ったのです。一九六八年といえばアメリカではベトナム反戦運動や公民権運動、学生運動などが、ヨーロッパでも、フランスでは「五月革命」が、ドイツではSDSによる学生運動などが、日本でも全共闘などの学生運動が全国の大学や高校などで燃えさかっていた時代です。いわば全世界的な規模で、若い世代を中心に戦後体制への「異議申し立て」が起こっていたのです[2]。政治的な主張だけでなく「カウンター・カルチャー（対抗文化）」の時代とも言われ、保守的な文化や芸術へのオルタナティブ（刷新）も強く求められていました。広い意味での「言葉」の時代、言論や表現の自由がつよく求められた時代だったのです。

加藤周一が鮮やかに示したように、チェコスロヴァキアで起こった「プラハの春」という民主化運動は、西側だけでなく社会主義諸国でも同じ動きがあらわれたことを強く印象づけたのです。

「プラハの春」

かんたんに「言葉と戦車」でどのようなことが書かれていたのか、ふり返っておきましょう。

「プラハのヴァーツラフ広場」
1968年の「プラハの春」の後のソ連軍の侵攻に抗議して多くの市民が集まって座り込んで抗議した場所です。ビロード革命のあとの独立宣言もここで行われました。（撮影・安立清史）

東欧の中で東ドイツをのぞいては唯一、社会主義国になる前から工業化していたチェコスロヴァキアは一九六七年から言論の自由を求める知識人の動きが活発になっていたそうです。当時のチェコの新聞雑誌の状況は、ソ連のプラウダや日本のNHKよりもはるかに自由であったと言われています。もちろんソ連の指導者はプラハの動きに懸念を示し、自由化のゆきすぎを警告しつづけていました。当時、改革派としてチェコスロヴァキアの党第一書記だったドプチェクらはモスクワへ呼び出されたりしていました。「プラハの春」が最高潮を迎えた六八年の五月には国境に軍隊を集結させて、ワルシャワ条約軍の演習までして軍事的な威圧を加えていました。その間、プラハでは政府の自由化政策の促進を求める知識人の「二千語宣言」などが発表され、世界中の注目を集めていました。いちどはワルシャワ条約機構の五カ国とチェコスロヴァキアが共同声明をだして軍隊を引き上げました。危機は去ったかのように見え、世界から多くの人たちが訪れ、加藤周一も友人たちとともにプラハを訪問して知識人と交流したのです。

その直後、八月二〇日に、突如、ソ連軍および他のワルシャワ会議四カ国の軍隊が国境をこえて侵入し、翌日には全国の主要都市すべてを占領していました。

このような状況は、現在のウクライナを強く思い起こせます。ですが、チェコスロヴァキアで起こったことは、ここからがまったく異なる展開になるのです。加藤周一によればこうです。

「侵入した軍隊は、武力的な抵抗には出会わなかったが、占領と同時に、ありとあらゆる抗議の言葉に出会った」「チェコスロヴァキア政府は、軍隊に無抵抗を指示し、大衆に冷静を保つように訴えた」「武力の面では、占領側が被占領側よりも、比べものにならないほど強大であった」「しかし言葉の面では、逆に、被占領側が占領側を圧倒した」「放送局の建物が占領されたにも拘わらず、ほとんど占領と同時に活動しはじめた秘密放送の送り出す電波は、中欧の空にあふれていた」「新聞社が占領されたにも拘わらず、秘密印刷の新聞は街頭で何万部も配られた」「抗議と呪の言葉は……兵士たちと議論をする市民の弾劾の声となって、占領軍の戦車をとりまいたのである」

今現在からは考えられないような展開になっていったのです。どうしてこのような展開になっていったのでしょうか。

「チェコスロヴァキア政府の公式の訴えは「第一、占領は不法な侵略行為である。第二、「自由化」政策の目的は、「民主主義的な社会主義」の建設である、第三、政府はワルシャワ条約からの離脱をもとめず、その枠のなかでの内政不干渉・相互の主権尊重をもとめる……」「ソ連側のいうところは、「第一、軍事介入が「チェコスロヴァキアの政治的指導者の要請」にもとづくということ、第二、その目的は「反革命分子」

に脅かされた社会主義をまもるためであるにすぎない」というものでした。」

ソ連とロシアの行動と理由は、驚くほど似ています。そして、ウクライナのおかれた状況もそっくりです。しかし、その後の反応は、驚くほど似ていません。正反対と言ってもよいくらいです。なぜなのでしょう。なぜこのような反応がチェコスロヴァキアでは可能だったのでしょうか。驚きとともに、ここに深い「問いかけ」を感じるのです。

二つの戦い

もうすこし加藤周一の論に耳を傾けておきましょう。

「言葉は、どれほど鋭くても、またどれほど多くの人々の声となっても、一台の戦車さえ破壊することができない。戦車は、すべての声を沈黙させることができるし、プラハの全体を破壊することさえもできる。しかし、プラハ街頭における戦車の存在そのものをみずから正当化することだけはできないだろう。自分自身を正当化するためには、どうしても言葉を必要とする。すなわち相手を沈黙させるのではなく、反駁しなければならない。言葉に対するには言葉をもってしなければならない。一九六八年の夏、小雨に濡れたプラハの街頭に相対していたのは、圧倒的で無力な戦車と、無力で圧倒的な言葉であった。その場で勝負のつくはずはなかった」

これ以上ないほどの正論です。そしてこの事件があり、この言葉が書かれてから五十数年がたちました。いまふたたび同じような侵略がおこっているのをまのあたりにして、私たちの耳にはこの言葉が、どう響くでしょうか。この正論が正論として私たちの耳や心にとどくでしょうか。そこに何か大きな変質を感じるのは私だけでしょうか。

加藤周一はまた次のような驚くべき事実についても報告しています。

「チェコスロヴァキア占領には、大軍五十万が動いて、およそ東京一ヶ月の交通事故に相当する死傷者しかなかった。占領一週間、チェコスロヴァキア側の発表によっても、死者は五十人にみたず、負傷者は数百人にすぎない。」「ということは、占領軍の側に、規律があり、一般市民との衝突を避けようという命令が、よくまもられていたことを示しているだろう。」「しかしまた、暴力による抵抗を抑えたプラハの指導者の訴えが、大衆の間によく浸透していたことも示しているにちがいない」

おどろくばかりです。そんなことがあり得るのか、と今読むと懐疑的にすらなってしまうほどです。これはほんとうにあったことなのだろうか、と。

「大衆の抵抗は、あきらかに自発的であった。直接の暴力以外のほとんどあらゆる手段が採られ、空港の電気はとまり、占領軍の駐在する地域では水道もとまった。戦車のまえには青年男女が座りこみ、戦車そのものに「ドゥプチェク」、「侵略者」の語を大書し、鉤十字を落書きする者さえあらわれた」

現在では、当時の記録や写真や映像がたく公開されています。中でも有名なのはジョゼフ・クーデルカという人の写真集『プラハ侵攻　一九六八』でしょう(3)。加藤周一の書き残した「プラハの春」の記録は夢ではなく現実に起こったことなのです。でも、現在の私たちには、夢以上の夢のように思えてしまいます。

民主主義的社会主義⁉

加藤周一はなぜソ連による侵入が起こったのか、プラハの人たちは何を求めていたのか、などについて行き届いた説明をあたえています。中でも、チェコスロヴァキアの社会党に属するクチェラの次のような言葉を引用している箇所が重要でしょう。

「チェコスロヴァキアの社会主義は、ポーランド・東独・ハンガリー・ソ連と同じものにはならないでしょう。……しかしあなた方の資本主義を輸入するつもりはない。西側の消費社会は、経済的には大きな成功かもしれません。しかし人間的には、われわれの誰にとっても必要なヒューマニズムを欠いている。私の意見では、いままでわれわれはまちがった考えに捉えられ、その消費社会をまねようとし、しかも下手にまねしようとしてきたのです。もちろん経済的な成功は必要だが、人間のために、人間的な社会秩序のなかでの成功でなければならない……」

ここで加藤周一はチェコスロヴァキアの知識人たちの出した「二千語宣言」のことを思い出しています。

「「自由化」の目標は、「民主主義的社会主義」という言葉で要約されていた。この言葉は新しい。それは「社会民主主義」ではない。「社会主義は民主主義である」というのは、今日まで、社会主義国でのたてまえであった。そのたてまえと、「民主主義的社会主義」という言葉は両立しない。もし社会主義が常に民主主義であるならば、「民主主義的社会主義」というのは「社会主義」というのと同じことで、ほとんど意味をなさないだろう。もし「民主主義的社会主義」ということに格別の意味があるとすれば、民主主義的でない社会主義がなければならず、したがって従来のたてまえは崩れるだろう。プラハの人々は、自分たちの目標をそういう言葉で要約したときに、その言葉が何を意味するかを充分に知っていたのだろうか。」

私はこの本ではじめて「民主主義的社会主義」なる言葉に出会いました。言葉としては知っていたかもしれませんが、その実質的な内実や、人々の切実さや、社会を動かす力になるような言葉だとは思ってもみませんでした。そして、現在の私たちを動かす言葉とは、いったい何だろうと考えるのです。

社会学者・見田宗介は、戦後日本の時代を「理想の時代、夢の時代、虚構の時代」に三分類しました。この時代区分は一九九〇年ころまでのものだったので、その後の時代を、大澤真幸がひきついで「不可能性の時代」と表現しています。

いま、世界は、虚構の時代と不可能性の時代を揺れながら行き来しているのでしょうか。言葉は戦車に対抗できなくなったのでしょうか。戦車だけが私たちの生きている世界を支配することになるのでしょうか。そんなことはありえない、と思う一方で、私たちに戦車に対抗する言葉があるだろうか、そういうことも考えざるをえないのです。

失われた可能性

二〇二二年現在のウクライナへのロシア軍の侵攻と、一九六八年の「プラハの春」へのソ連軍の侵攻には、似ている側面とまったく違った側面とがあるということです。似ているのは、自由と民主化を求めて西側の価値観へ近づいていくウクライナやチェコスロヴァキアなどへの、ロシアやソ連の危機感と怒りです。そしてそれを力づくで押さえつけようとする行動です。似ていないのは、一九六八年は「言葉と戦車」という表題にあらわれているように、プラハ市民は徹底的に「言葉」によって抵抗し、流血の惨事のようなことはほとんど起こらなかったことです。プラハ市民はつよく自制して武力衝突にはなりませんでした。そして事件から約二十年後、ビロード革命を達成しました(4)。

しかし二〇二二年からのウクライナの場合には軍事的な抵抗が起こっており、それゆえ流血や虐殺、そして市民を巻き込んだ「全面戦争」になっています。その是非については論じることができません。でもこの五十年間の歴史、冷戦終結後のさまざまなことの結果が、ここに反映しているのでしょう。

加藤周一の論旨にそって考えれば、かつては「言葉」によって「戦車」に対抗することができた（あるいはできると信じられていた）時代でした。資本主義陣営と社会主義陣営とは軍事力が拮抗しており、力だけでは決着がつかないと思われていました。そこで西側にとって「言葉」（言論や表現の自由）はきわめて重要な武器だったのです。「プラハの春」がとりわけ輝いて見えたのは、それが神々の争いのようなイデオロギー論争ではなく、ましてや武力による人間の権力的支配ではなく、市民の言論の自由による文藝復興――いわばルネサンス期のような人間性の謳歌だったからでしょう。だから「プラハの春」のルネサンスのような輝きにたいして、力ずくの戦車による蹂躙は、よりいっそう非道で陰鬱な対照をみせたのです。生命を謳歌する春の野花を鋼鉄製の戦車が踏みにじったからです。こう感じられた背景は、西側の個人の自由を尊重する民主主義のほうが、東の国家主義的な社会主義よりも圧倒的に優れているという確信があったからだと思います。

ところが五十年後の現在はどうでしょうか。自由化や民主化が「プラハの春」のようなみずみずしい生命力を生み出す源泉だと信じられる時代でしょうか。

どうやらそう単純に信じられる時代ではなさそうです。西側諸国も理想的な自由と民主主義の社会——「春」の国々どころではないからです。過去五十年間をふり返ってみると、グローバル化による経済格差の拡大、国家を上回るほどのＧＡＦＡなどの巨大企業の強大な力、貧困問題の深刻化、気候変動をはじめとする地球環境の破壊、「成長の限界」と言われ続けてきたエネルギー枯渇の危機、さらに中国をはじめとする権威主義的な国家のほうがじつは資本主義的な市場経済の上でも優勢になっているという、まさに民主主義国家にとっては「冬」のような時代だからです。

自由化と市場経済が大きな経済格差を生み出しているというのに、西側が「非」西側を自由と民主主義という名の下に批判できるのでしょうか。それはたんに攻撃するためのコトバなのではないでしょうか。そういう懐疑も広がっています。そもそも英国がＥＵを離脱し、米国にトランプ大統領などが出現して「自国第一」をおおっぴらに宣言するような時代なのです。
そうなると、表現の自由や民主化が、ロシアや中国や北朝鮮やその他の権威主義的な国家を変える力をもつのか、もてるのか、懐疑的にならざるをえません。メディアに登場する様々な言説をみても、「言葉と戦車」の時代が遠く過ぎ去っていることを感じさせます。西側のコトバはロシアや中国には届かない。いや、西側の国内ですら、人々の心をつかみきれない状況ではないでしょうか。

ですから、いまは戦車にたいして経済で対抗する構図になってはいますが、やがては「戦車と戦車」の戦いになるのではないか――みんなそう考えています。そもそも「経済制裁」というコトバじたいが、「戦争」に類似したコトバではないでしょうか。ソフトではありますが「戦争」と同じ次元の攻撃的な対応ではないでしょうか。目には目を、歯には歯を――この対応は、戦車に花をもって対した「プラハの春」の市民とは、まるで違うものです。

このように、「ウクライナの冬」は、戦車にたいしてコトバで対抗できない西側世界の矛盾のただ中に漂流しているかのようです。

（1）「イヴァンよ、おまえにやる花はない」は加藤周一の「言葉と戦車」の冒頭におかれたエピグラフです。これは当時のチェコスロヴァキア国民の感情をひとことで言い表しているでしょう。そして、ソ連がロシアになった今でも、ウクライナ人だけでなく西側の人たちが感じるロシアへの共通感情でしょう。でもロシア国家と、ロシア市民とは、区別すべきでしょう。ロシアを外側からつぶしても根本的な解決にはなりません。「卵を内側から破る」、つまりロシア国民がみずから違う社会をつくる、というのが本当の解決でしょう。

（2）ちなみに日本でも全国各地の高校などで学園紛争が、大学では全共闘などのラディカルな学生運動が燃えさかっていました。

（3）ジョゼフ・クーデルカは、六八年八月のワルシャワ条約機構軍のプラハ侵攻を撮影。当局の目をかいくぐって持ち出された写真は翌六九年にマグナムより匿名の写真家の作品として配信され、世界に大きな衝撃を与え、匿名のまま、同年のロバート・キャパ賞を受賞したそうです。

（4）ビロード革命とは、一九八九年一一月一七日にチェコスロバキアで、当時のチェコスロバキア共産党による全体主義体制を倒した民主化革命のことです。その後、チェコとスロバキアの両共和国によって一九九三年一月一日にはチェコ及びスロバキア連邦共和国の連邦制解消があり、ビロード離婚とも言われました。

投下と回心——イスクラ（火花）の行方

加藤典洋の著作（『戦後入門』など）を参照しながら、八十年前をふりかえってみたいと思います。戦争の「敗戦」のあとにやってくるものは何でしょうか。勝利と敗北、勝者と敗者——もちろんそれだけではありません。敗者にとって敗北はいかに受け入れることが難しいものだったか、日本はそれら多くのことを経験してきました。これは今起こっている戦争にもあてはまることだろうと思います。それだけでなく、もしかすると勝者の側にも何かが起こったのかもしれません。加藤典洋はそれを「イスクラ（火花）」と呼んでいます。ここにも何か歴史ではない起原が起こる可能性があったのではないでしょうか。回心の可能性があったのかもしれません。勝者と敗者——この相互の関わりの中にある「戦後」について考えてみたいと思います。私たちはまだ戦争と敗戦、そのあとの「戦後」を乗り越えてはいないのですから。

加藤典洋の肩書きは「文芸評論家」でしたがそれ以上の存在でした。とりわけ日本の「戦後」ということに社会科学の専門家以上にこだわりぬいた人でした。最初の著書『アメリカの影』から『敗戦後論』へ、そして「ゴジラ」論や晩年の『戦後入門』などにいたるまで「戦後」という日本社会のあり方を批判的に徹底的に考え抜いた人です。「戦後」をどう乗り越えるかを思想的な課題にした人です。また「戦後」の中にひそむ「戦争の敗者」の視点、それを「敗者の想像力」と表現していましたが、そこにも徹底的にこだわった人でした。[1]

私はもうひとつの視点を典洋の中に見つけたいと思います。それは「起原」がおこったとしても、その翌日に何がおこるかという問題を指摘したことではないかと思うのです。「起原」が起こったとしても、それをただしく受容できるか。むしろ否認や拒否、回避やごまかしなどが起こってしまうのではないか。日本の「戦後」をふり返ると、そういう懸念が払拭できません。その問題はいまだに日本で七十年以上もつづく「戦後」問題として残存していますし、日本にかぎらずどこでも「戦争」のあとの「戦後」に起こりうることなのではないでしょうか。

敗北の受容は可能か

加藤典洋はユダヤ民族の「バビロン捕囚」がわずか五九年で終わっていることに気づいたとき、深い驚きを感じたそうです。世界史に名高いこの「戦後」ですらわずか六十年足らずで終わっているのです。ところが日本の戦後はもう八十年近いのにいまだに終わる気配すらないのです。「戦後は続くよ、どこまでも」[2]と誰もが思っています。敗戦とその後の占領そして戦後体制は、日本を深く規定しています。日本の「福祉の起原」もＧＨＱの占領期にあります。それだけでなく「戦後」は日本社会をつよく縛りつづけています。どういうことでしょうか。

典洋は、日本が先の戦争の意味と「敗戦」に真正面から向き合うことをせず、どこかごまかして「終戦」と言ってきたことに「戦後」が終わらない原因のひとつを見ています。日本がアジアで孤立していること、歴史認識でしばしば問題を起こしてきたこと、対米従属が続いていること、等々さまざまな問題の根が、「戦争と敗戦」の意味を、浅瀬をわたるように「終戦」にしてしまったからではないかと論じてきました。その主張は『敗戦後論』（一九九七）に納められていますが、波紋と批判をつよく受けました。日本人が触れられたくない部分を見せつけたからでしょう。読むと苦しい、しかし読むべき主張です。これはいま起こっている「戦争」にも通じることだと思います。ソ連やロシアが何度も繰り返すのも、この問題に関連があるかもしれません。

戦争や敗戦や戦後とどう向き合うか——これは「死」とどう向き合うかという問題とも共通しているかもしれません。「戦争」してしまうのは、死が恐怖されるからでしょう。敗戦を認められないのは死を否認しているからかもしれません。

エリザベス・キューブラー＝ロスに『死ぬ瞬間』（一九六九）[3]という有名な著作があります。これはがんなど末期患者の「死の受容過程」を、第一段階「否認と孤立」、第二段階「怒り」、第三段階「取引」、第四段階「抑うつ」、第五段階「受容」とモデル化して整理したものです。末期患者への臨床的なインタビューなどにもとづいて考えられたモデルですが、じつは敗北の受け入れ、とりわけ戦争の敗戦の受け入れがどのように可能なのか、という問題提起としても読むことができると思います。たとえば日本は一九四五年にどのようにポツダム宣言を受け入れたか、という問題を考えてみるとこのモデルが当てはまるように思われるのです。半藤一利の著作『日本のいちばん長い日』（一九六五）とそれを映画化した「日本のいちばん長い日」（一九六七）を見ると、陸軍も海軍も最後まで敗戦を認めていません。本土決戦や一億玉砕を主張しつづけます。そして互いに相手に劣勢の責任があるとなじりあっています。さらにポツダム宣言の条件に「国体の護持」という条件が入らなければ受諾できないと取り引きしようとしています。そしてそれも出来ないとなると陸軍の若手将校たちは、天皇の玉音放送録音盤をうばいとって放送を阻止し、戦争を終結させまいとしてクーデタ未遂事件すら起こすのです。軍隊の当事者にとって、敗北や敗戦の受容がいかに最後まで困難であったことを示しています。ドイツでもヒトラーたちナチス幹部は最後まで敗戦を承認しませんでした。ドイツではヒトラーはじめ司令官たちが個別に自害してしまったので、国として戦争を終わらせることにたいへんな苦難があったことが知られています。

キューブラー＝ロスのモデルは、末期患者という個人です。個人の場合には、いろいろな人がいるでしょうが、最後に受容が可能になる人もいることでしょう。しかし軍隊や国家という巨大な集合体としてはどうでしょうか、敗戦や敗北を認めることが可能でしょうか。それはとても困難なことでしょう。結果をみるとせいぜい可能なのは取り引き、むしろ怒りや否認のまま終わることが多いのかもしれません。

敗者の想像力と勝者の想像力

加藤典洋は、日本は「敗北・敗戦」の受容に失敗したのではないかと論じてきました。それが「戦後」が七十年以上たってもつづいている原因ではないか、というのです。でもいまさら原点にもどって敗戦を認めるところから「戦後」を克服することなど、出来るのでしょうか。彼の最後の仕事、『戦後入門』や『九条入門』などは、戦後のねじれをなんとか解消しようと試みる必死の努力でした。

私はこの問題提起を重く受け止めなければならないと考えています。しかし戦後生まれが大半になった現在、それを根本に戻って考え直すことは困難になりつつあります。また理論的に考えても一方だけの「回心」ではそれは達成されないように思います。

じつは典洋も、そう考えたにちがいありません。彼は、勝った者より「敗者」のほうがはるかに深く論じる意味のあるものだと考えていました。しかし、「戦争」について考える場合に、敗者の視点だけで見るわけにはいきません。戦争にはカッコつきの勝者がいて、歴史はだいたい勝者の視点から描かれることになるからです。では、どうしたらいいのでしょうか。

勝者の側にも、ほんのすこしでも、ほんの一瞬でも「戦争」を反省する視点があるのではないか。「戦争」を通じての「回心」あるいは「改心」の契機がありうるのではないか。そこにも一縷の望みをかけていたように思います。それがなければ戦争は「勝者と敗者」というまったく折り合うことのできない永遠の対立構造のままではないか――そういう思いもあったでしょう。

その証拠として、彼の書いたものの中に勝者の側の「回心」に触れたものがいくつかあります。たとえば『戦後入門』（二〇一五）という大冊の第三部「原子爆弾と戦後の起源」の中に「投下と回心」という印象的な部分があります。すこし紹介しましょう。

米国の大統領トルーマンは、広島と長崎への原爆投下を決断して人です。その彼の戦後の回想録に次のような一節があるそうです。

「われわれとしてももっとも我慢しがたいことは、戦時の政府の要職にあった人たちが、民間の生活に急ぎ帰ることであった。（中略）まだまだやらなければならない緊急要件があったにもかかわらず（…）多数の官公吏が辞表を提出していた。（…）政府の役人たちは、自分たちに対する批判に感じやすくなっていた」（加藤典洋『戦後入門』からの再引用）

ここに書かれている「批判」とは、もちろん原爆投下への米国の世論です。政府を去った要職の人とは、国務長官ジェームズ・バーンズ、商務長官ヘンリー・ウォーレス、陸軍長官ヘンリー・スティムソンらのことです。

彼らはなぜ政府を去っていったのでしょうか。直接に彼らの心境や意見が書き残されているわけではありません。それはたとえ思ったとしても記すことがかなり困難なことであったでしょうし、そもそも政治家の回想録には、自己正当化という限界がつきまといます。そこで加藤は間接的な証拠（行動事実）から推測する方法をとっています。「政府を去った」という行動の中に「回心」の間接的な証拠があるのではないか、回心が生じたから去ったのではないかというのです。これは立証がかなり困難な「仮説」です。裏付ける確実な証拠は残されていません。しかしさまざまな状況証拠があるというのです。

たとえば、対ソ強行派として知られた陸軍長官スティムソンは、広島への原爆投下の二日後に、トルーマンを訪れ辞任の意を示し、しかもソ連との宥和を進言したそうです。おなじく対ソ強行派として知られた国務長官バーンズも、原爆の国際共同管理を考えはじめます。こうした人たちの行動から心の動きを推測することが可能なのかどうか。典洋は次のように述べています。

「回心というには小さすぎる一時的な態度変化のエピソードにすぎないのかもしれません。しかし、彼らの背後に、他の多くの当事者たちの、語られない深甚な動揺と逡巡があっただろうことが想像されます」

「原爆投下直後の、投下者たちの反応には、いまの私たちからは想像できない心の動きがあったと考えたほうがよいのです」

「宇宙全体から、ノーと言われること。お前は人類の敵だという声を聞くこと。それがどれだけ深い経験だったかどうかは分かりません」

「この企てに当初から関与してきた政治家、科学者の大多数が、原爆投下以降、いまさらながらに自分たちの行ってきたことの結果がうんだ「問題行動」の大きさに、内心、ひるむところがあったことが分かっています」

こうした人たちの意見が、その後の米国を変えたでしょうか。残念ながら大きく変えることはありませんでした。彼は無念の気持ちをこめて次のように書いています。

「原爆の投下は、四七年三月のトルーマンのソ連封じ込め政策の特別教書発表によって、世界を東西冷戦へとはっきり向かわせ、人々を「覚醒」する役割を終了します。

その時期は、四五年八月から四七年三月までの一年半と少しでした」

ここに記されているのは、その多くが「推測」なのかもしれません。ひとつの「仮説」にすぎないのかもしれません。しかし、何かの動揺とともに、何かしらの「覚醒」と呼ぶようなものがあったことは確実なようです。

これを「回心」と呼ぶかどうか――それは難しいところです。起こった可能性を最大限に見積もるか、最小限に見積もるか、あるいは馬鹿げた妄想として無視するか――受け止める側の判断、判断する側の世界観にも関係することでしょう。しかし、今や、相手国や世界にたいして核兵器を使用するというような脅しをかける人物が現れる時代です。こうした人たちを抑止したり「回心」させることは不可能なようにも思えます。国連を通じた交渉や説得によっても、NATOのような軍事同盟による対抗によっても、また経済制裁のような国際的な圧力によっても、「戦争」は防げそうにも、終結させられそうにもないように見えます。では、どうしたらいいのだ、と絶望的になりそうです。そのとき典洋の注目した、ほんの小さな火花、一瞬で消えてしまったかに思える回心——しかし歴史をさかのぼってみれば、それこそが、圧倒的で絶望的な現実にたいする、小さな可能性と希望なのではないか。上述したエピソードは、そういうことも考えさせてくれます。

（1）その集大成が『敗者の想像力』（二〇一七）だったでしょう。

（2）映画「シン・ゴジラ（二〇一六）」で主人公の内閣官房副長官矢口蘭堂が自嘲気味に言うセリフ。これは映画のセリフですが、おそらく実際の日本政府関係者もこのように思っているに違いないと思います。

（3）邦訳では『死ぬ瞬間』となっていますが、原題は「On Death and Dying」です。死んでいく過程についての研究レポートなのです。

戦争をくぐりぬける――ヴィトゲンシュタインと「戦争」

戦争のあとに何がくるでしょうか。ここまで「福祉の起原」の可能性について考えをめぐらしてきました。でも「福祉の戦争起源説」には問題がたくさんあります。戦争がないと福祉は起こらないのか――そんな誤解や曲解はないでしょうが、それでも国家の起こした戦争のあとに、さらに国家主導の福祉なのか、と思われる方は少なくないかもしれません。そのとおりです。「福祉の戦争起源説」だけでは、世界は国家中心に回っていた二〇世紀の反復になってしまいそうです。また二〇世紀的な価値観でいくと、国家による戦争のあと「戦後」には「福祉の起原」も起こるかもしれませんが、もっと大規模に起こりそうなのは、グローバル資本主義と新自由主義的な価値観の、より徹底的な浸透と展開でしょう。福祉は福祉資本主義としてしか可能ではなくなってしまうのでしょうか。それでは世界は劣化していく一方ではないでしょうか。ここが考えどころだと思います。「Think different」が必要になると思います。ですから戦争にたいして戦争で対抗していく、力には力でという価値観や行動モデルのオルタナティブを考えてみたいのです。

ヴィトゲンシュタインと戦争

戦争と人間のあり方について、ふつうの発想とはべつの見方、ある独特の視点から考えさせてくれる論考があります。そのひとつが飯田真と中井久夫の共著『天才の精神病理』（一九七二）です。この書は病蹟学の視点からニュートン、ダーウィン、フロイト、ボーア、ウィーナーなどの天才たちを論じたものです。こうした天才たちが実は精神病理学的にみると様々な精神疾患をかかえていたのではないか、その精神的な病との戦いこそ天才的な創造性と関連があるのではないか、という今日の時点から考えるといささか問題や批判もありそうな観点で――しかし読んでみると実に興味深い洞察にみちている本です[1]。現代の精神医学からみての妥当性や当否はさておき、ある日とつぜん「戦争」がはじまってしまう時代にあって、「どうしたらいいのだ」という問いに対する深い洞察を与えてくれる魅力的な本なのです。この本で取り上げられた人物の中で、もっとも私を考えさせたのがルードヴィヒ・ヴィトゲンシュタイン（一八八九－一九五一）のケースでした[2]。

ヴィトゲンシュタインの生涯

ルートヴィヒ・ヴィトゲンシュタインは一九世紀末にヴィーンに生まれ、二〇世紀半ばに死んだ著名な哲学者です。前期の著作『論理哲学論考』（一九二九）と後期の「言語ゲーム論」によって、社会学者の間でも広く知られている人です。哲学者と戦争――これまで考えもしなかった論点ですが、この書によって、「戦争」に満ちている世界への、ひとつの洞察の入口が見えたような気がしたのです。どういうことでしょうか。

ヴィトゲンシュタインは「分裂病質」の人だったそうです。[3] 圧倒的で威圧的な父親に呪縛された彼は自立を試みながら何度も危機におちいります。「分裂病圏の科学者は、自己自身の発展や成熟を決定的に断念し、問題を物理や数学という超個人的な知的世界に移し、知性の力によって恒久的な問題解決を試みようとする」とあります。その成果が前期の著作『論理哲学論考』だったのでしょう。

そこに「戦争」が勃発します。第一次世界大戦です。彼はただちにドイツ・オーストリア軍の志願兵となり、砲兵隊に入り東部戦線にいきます。一九一四年と一九一六年には前線でロシア軍との激戦を経験するのです。「彼ほど真剣な兵士はいなかったのではなかろうか」とあります。この激戦の極限状況の中で「自分が隠れようも無く一人で世界と対決しており、世界は自分を無限に凌駕し、あたかも世界が自己に優先するように感じられる。これは〝聖なるもの〟体験として宗教的回心体験にも通じうるが、分裂病発病の危険も切迫しているのである。もし余裕と能動性が最終的に失われるならば、妄想気分すなわちつかまえどころのない世界変容感と、絶対的な未来剥奪感が到来して分裂病への転落となりかねない」――そういう危機に直面したようです。

「しかしヴィトゲンシュタインはもちこたえた」――そのように著者のひとり中井久夫は書き留めています。「彼は絶対の現在において自己と世界との一致、意思と行為との一致による神秘主義的な方向への超克を行ったのである」、「この二カ年あまりの一連の危機的体験がいかに激烈なものであったかは（…）後方にさがってきた彼が、まるで失語症のようにことばが見つからず、文章が組み立てられなかったことからも読み取れるだろう」。

「もちこたえた」――この一言が突き刺さってきます。現在、ロシアとウクライナで「戦争」に巻き込まれた前線の人たちは、このように「もちこたえる」ことができるでしょうか。怒濤のような水圧に耐えかねて、もちこたえられなくなって、決壊するのではないでしょうか。しかしそこを、ヴィトゲンシュタインはもちこたえました。ここに中井久夫は何か特別なものを感じとっているのです。

その後のヴィトゲンシュタイン

その後の彼（ヴィトゲンシュタイン）は宗教的になりました。それだけでなく、うつ的になり、周囲の人間が彼に奇妙な悪意をもっているように感じるようになります。彼は繰り返し自殺を思ったようです。大学の教員だったかれが修道院の園丁となったりします。さらに修道院入りや建国まもないソ連への帰化すら考えたらしいのです。彼は言語哲学に打ち込みつつ、猜疑心が強まり、自分のアイデアが盗まれるのではないかという恐怖と戦っていたそうです。第二次大戦中は、大学教授の身分のまま、病院の運搬人になったり、臨床検査技師になったりしたともいいます。晩年の彼は、アイルランド西岸の、石ころだらけの荒涼たる岬に小屋を借りて住んでいたそうです。そして胃がんを病んで亡くなる二日前まで探求を続けていたそうです。素描するだけでも凄絶な人生です。

中井久夫は書いています。「彼の生涯はたえざる内的緊張を伴った遁走の連続であった」「彼の方法論は問題を解決するものではなく、問題を解消させるものであった」。彼にとって「事実はすべて問題を課するのみで解答を与えない」「人は人生の問題が消滅したとき、その問題が解決されたことに気づく」――こうして彼は問題をひらかれたままで持ちこたえたのだといいます。

また「彼はたえず発狂の恐怖を抱えていた。彼が生涯分裂病発病の瀬戸際にあったのは事実であろう。しかし彼はついに持ちこたえた。その理由の一つは、彼が自分の危うさについてはっきりした認識をもっていたことであろう」――私はここまで読み進めてきたとき、何か戦慄するものを感じました。百年まえにおこった「戦争」に従軍して極限の経験をしながら、持ちこたえたヴィトゲンシュタイン。じっさいの戦闘と発狂の恐怖という、ふたつの「戦争」を戦いながら、ついに「持ちこたえた」ヴィトゲンシュタイン。ここには問題を打ち勝つことで解決するのではない「解」の仕方があることが示唆されているように思うのです。ふたたび「戦争」の時代にいる私たちは、「戦争」にたいして「戦争」で対決するのではない可能性があることを、ヴィトゲンシュタインの生涯から知ることができるのではないでしょうか。

もちこたえること――あるいは不発病や寛解

ここではヴィトゲンシュタインの戦争への態度の中に何かがあると言いたいのではあり

ません。じつはヴィトゲンシュタインは統合失調症の発病の危機につねにさらされ、発狂をおそれ、自殺願望にさいなまれながら、ついに「もちこたえた」人生をおくった、というところに、「戦争」の時代にありうるもうひとつの「解」の可能性を感じるからです。どういうことでしょうか。

もちろん私は精神医学的なことに詳しいわけではありません。しかし「戦争」を病気の「発病」と類比的に考えてみることには認識上の利得があるように思うのです。普通ではないこと、通常では起こりえないことが、突如、はじまる。それは病の突然の発症と似ているように思います。

コロナ・ウィルスとの戦いもしばしば「戦争」に喩えられてきました。コロナ・ウィルスという「人間でない」病原菌との戦いは、はっきりいえば「ゴジラ」のような怪獣と人間との戦いのようなものです。人間社会へむけて突如、病原菌や怪獣が破壊的な攻撃をしかけてきました。それにたいして人類全体で力をあわせて戦う――それは「戦いと解決と勝利」（予防ワクチンの開発と接種による防御、そして最終的には病の直接治療。怪獣の場合には駆除や破壊など）をめざすことです。それが可能かどうかはやってみなければわかりませんが、すくなくとも誰もが思い描く「正解」の道筋です。この場合、連帯して敵（ウィルスや怪獣）を倒すことが善で正しいことを誰も疑いません。困難かもしれませんが、そこに倫理的・道徳的に迷いはありません。

ところが今度のロシアとウクライナの「戦争」となるとどうでしょうか。ウィルスやゴジラとの戦いと似て非なるものになるのです。似ているようですが次元の異なる困難が現れるのです。敵を倒せば「解決」とはならないのです。どういうことでしょうか。

人と人、国と国との戦いを、善悪や正義で割り切ることは出来ませんし、すべきでもないのです。とりわけ「戦争」における善悪は難しいものがあります。正義の裏側には悪があるのではなく、もうひとつの正義があるからです。それが百年前の第一次世界大戦や、その後の第二次世界大戦の教訓です。今からふり返ると善悪の対決だったように見えるのは、「戦後」の世界が、勝者の側の視点から作られているからです。

この世界は善悪二元論で理解しつくせるほど単純なものではありません。「侵攻」にたいして「反撃」して打倒して「解決」できるものなら、とっくにこの世から「戦争」など無くなっているはずです。ところが「戦争」は人類の歴史とともにあり、いまだに存在しつづけています。おそらくこれからも。

となると「侵略」にたいして「反撃」という「戦争」次元での解決（侵略者の撃退）で

は最終解決できそうもありません。「ウィルスとの共存や共生」が、コロナ禍からの最終的な落ち着き先でありそうなのと、ある意味で類似的なのです。

そこで、戦いによって打ち勝つ勝利ではない──奇妙な言い方かもしれませんが、「勝たない勝ち方」が必要になるのではないでしょうか。あるいは「負けない」という勝ち方は可能でしょうか。こう考えていくと、飯田と中井が論じている「不発病の理論」、あるいは中井久夫のいう「病の寛解」という考え方は、現在の私たちのめざすべき、ひとつの可能なあり方ではないかとも思えてくるのです。

最期のヴィトゲンシュタイン

ヴィトゲンシュタインは、病気の素因を持ちながら、発病せずに持ちこたえました。それは困難ですが可能であることを、身をもって実証した人であるように思われます。ヴィトゲンシュタインの人生は苦悩に満ちていたそうです。しかしその最期は、とても印象的なエピソードでしめくくられています。

彼（ヴィトゲンシュタイン）は死の近いのを告げられたとき「Good」と叫んだ。意識を失う前、かたわらにいた医師の妻に向かって「あの人たちにいってください。私の生涯はすばらしいもの（Wonderful）であった」と語った。弟子（中略）は、ヴィトゲンシュタインが生涯きわめて不幸であったことを思い、この最後の言葉は感動的だが不可解であると言っている。しかし彼がたえず発病の危機にさらされながらも生涯もちこたえ、必ずしも虚しくはない爪痕をこの世に残しえたのはまさに驚嘆すべき（Wonderful）ことである。（飯田・中井、一九七二）

私たちは、人類が繰り返してきた「戦争」の歴史が、今また繰り返されていることをまのあたりにして絶望的になったり悲観的になったりせざるをえません。私たちは「戦争」にたいして「戦争」で対抗するしかないのでしょうか。それは「戦争」の「解決」になるのでしょうか。ヴィトゲンシュタインも「戦争」に参入していきました。彼ほど真剣な兵士はいなかったと言われているほどです。しかし彼の最後の姿をみると、「戦争」は「戦争」によって「解決」できるものではなかったと思います。むしろ、病をかかえながらも持ちこたえること――不発病のまま持ちこたえることこそ大切だったのではないでしょうか。

(1) この本では、現在は「統合失調症」と言われている病を「精神分裂病」と表現しています。その是非については論じません。原著の表現どおりに従うことにします。

(2) ヴィトゲンシュタインは私たち社会学者の間でも著名です。前期の『論理哲学要綱』から後期の『哲学探究』への転回、とりわけ後期の「言語ゲーム論」は、多くの社会学者たちを魅了してきました。日本では橋爪大三郎が代表ですが、この社会を言語ゲームとして見る見方は、記号論や構造主義といった社会観とも近接しながら、マルクス主義的な社会像を脱構築していく起爆剤ともなりました。そして後の多くの社会学者に多大な影響力をもったのです。

(3) 原著の表現にしたがっています。

第三章

起原のあとの未来

いま世界は戦争に取り憑かれているかのようです。ロシアの始めた戦争に巻き込まれ、戦争に対しては戦争を、西側諸国は「経済制裁」という別のかたちの戦争で対抗するしかない――そのように動いているのが現状です。しかしそこから距離をとりつつ「真の問題に真正面から向き合う。性急な思考に対抗し、十年、百年、千年の方向性を、悠々、悠然と追求していく」（見田宗介）ことが必要ではないでしょうか。しかしそんなことが出来るのでしょうか。不可能だという声がエコーのように響いてきそうです。しかし意外なことに「銀河鉄道の夜」と「千と千尋の神隠し」の読解がこのブレークスルーに役立つのです。どういうことでしょうか。

この二つの物語は直接、戦争にはふれていません。しかし戦争の暗喩がいたるところにちりばめられています。二〇世紀の二つの世界戦争の戦間期に書かれた「銀河鉄道の夜」は、ジョバンニがこの苦難に満ちた世界から脱出して銀河鉄道で旅したあと元の世界に還ってくるのですが、この旅を通して世界の見方が一新され変容する物語でした。「千と千尋の神隠し」も主人公が二〇世紀から二一世紀へと引越しをする最中にグローバル資本主義の世界そのもののような湯屋で地獄巡りしてから元の世界へ帰還するストーリーです。こうした物語の後日談を想像してみたいと思います。ジョバンニが戻ってくると、すでに日本は軍国主義の支配する国になっていました。千尋が戻ってきた世界もテロや分断や経済格差でひどい社会になっています。苦難から脱出してもどってきた先も同じような世界だった、という皮肉なことになるのでしょうか。私たちはいくたびも「起原」に出会っているのに、もうひとつの可能な世界の入口に立っているのに、また、いつか来た道、いやむしろ劣化したひどい道をたどってしまうのでしょうか。「起原」に出会ったあと、私たちはどんな選択をすべきなのでしょうか。これが三章の「問い」です。

銀河鉄道という謎

銀河鉄道と水中鉄道

「銀河鉄道の夜」と「千と千尋の神隠し」――このふたつの作品には明らかな共通点があります。「鉄道」に乗ることが物語のうえで重要な転換点となっていることです。ジョバンニは銀河鉄道に乗ることで現実世界から脱出し、ある種の回心あるいは自己変革を成し遂げて元の世界へ還ってきます。千尋は湯屋から脱出したあと水中鉄道に乗って沼の底まで降りて行くことで、奪われた名前を回復して元の世界へ戻る力をえるのです。物語の構造はそっくりなのです。

でも、謎があります。なぜ「鉄道に乗る」物語が「自分を変える」物語になるのでしょうか。この謎ときのために、いくつかの補助線を引いてみたいと思います。

まず第一に、鉄道は「近代」の化身です。産業革命とともに現れた産物です。明治の近代化と全国の鉄道の整備は切っても切り離せませんし「ナショナリズム」とも切り離せません。[1] 鉄道は、近代とともにやってきて様々な思想や文化も運びました。宮沢賢治は新しいテクノロジーとして鉄道を、宮崎駿はノスタルジックになりつつある鉄道を描きました。そして「鉄道」の中の客車は「学校」や「教室」のメタファーでもあるかもしれません。言うまでもなく学校教育の制度も近代化によって生まれました。そして近代化や産業化はさまざまな社会問題も生み出すことになります。二度の世界大戦はそのひとつの帰結でもありました。その中でジョバンニは貧困やいじめにも苦しみます。また何人もの先生に教えられたりもするでしょう。学校は、湯屋や会社や社会にも似ています。そして物語の中で列車の中は、死者と出会う場所でもあるのです。つまり「近代社会」の矛盾と可能性の混合体です。その中に近代を超えていく可能性も描かれていると思います。

第二に、より重要なのはこの鉄道が「この世から、あの世への鉄道」であることです。死者をあの世へと運ぶ鉄道なのです。銀河鉄道も水中鉄道も、此岸から彼岸へ、中有の世界（生でもなく死でもない中間の世界）を走るのです。そしてジョバンニはこの列車の中で、さまざまな人と出会い、さまざまなことを話し合います。もっとも有名なのはタイタニック号の乗客が乗り込んできてジョバンニと「神さま論争」をする場面です。そのこと

「橋梁の上を走る銀河鉄道」
花巻から遠野へ向かう途中、「銀河鉄道」を思わせるJR釜石線の列車が宮守川橋梁の上を走っていきました。前身は「銀河鉄道の夜」のモデルとなった岩手軽便鉄道だそうです。（撮影・安立清史）

はあとでふれることにしましょう。この「死者との対話」を通じて、ジョバンニは何かをつかむのだと思います。千尋のほうは黙って水中鉄道に乗っています。とくに誰と対話することもありません。でも沈黙の中で対話しているのだと考えても良いかもしれません。まわりには影のうすくなった死者たちがたくさん乗っているのですから。重要なことなのでくりかえしましょう。この世界の苦難から脱出して、この鉄道に乗ることは、あの世へ向かうことですが、生と死のはざまを行くことでもあります。それは生の意味、死の意味を考える時間をもつということでしょう。ジョバンニにとって「死者との対話」は「銀河鉄道の夜」という物語の要です。そして「千と千尋の神隠し」も「銀河鉄道の夜」をたいへん意識して作られた作品だと思います。ジョバンニが銀河的な視点にたつことで「みんなの本当の幸い」を考える存在になったのだとしたら、「千と千尋の神隠し」は水中へもぐっていって、この世界の奥底から同じように開眼していく物語と考えられます。方向は逆ですが到達点は同じなのかもしれません。

「原初状態」に戻る——「無知のヴェール」をかぶること

ジョバンニも千尋も、童話や映画の主人公で現実の存在でないではないか、そう言われるかもしれません。そこで、この物語の解釈をより深めるために、ちょっと意外な補助線を引いてみたいと思います。それは、アメリカの政治哲学者ジョン・ロールズの『正義論』（一九九九）を活用するのです。[2] ロールズの『正義論』は、人種差別に抗議する公民権運動や若者によるベトナム反戦運動などで正義の概念が分裂し大揺れとなった米国で、分裂した正義ではなく、普遍的な社会正義をどうしたら導き出せるかという切実な問題にとりくむ中で考え出されました。普遍的な正義つまり「本当の正義」はどうやったら見つけられるか。その原理的な解決にとりくんだ画期的な論考です。これは考えてみれば、ジョバンニの求めた「みんなの本当の幸せ」に、とても近いものではないでしょうか。宗教の違いを超えた「本当の本当」の幸いのありかをさがした試みだと考えられないでしょうか。「銀河鉄道の夜」の謎を考えるうえで、重要なヒントを与えてくれるのではないか思うのです。

ロールズの正義論

多様な自己の利益をもつ人びとが合意できる「普遍的な正義」や「本当の正義」があるでしょうか。ふつうは最大多数の最大幸福という功利主義的がせいぜいでしょう。あるいは様々な正義が乱立する世の中では「価値中立的な多元主義」の立場をとること、それが可能な選択肢の限界ではないでしょうか。

ところがロールズは、そのどちらでもなく、意想外な発想で「正義」を導こうとするのです。それが「無知のヴェール（the veil of ignorance）」というアイデアです。私はこの「無知のヴェール」をかぶるというアイデアこそ、銀河鉄道や水中鉄道の中で起こっていることに近いのではないかと考えるのです。どういうことでしょうか。

無知のヴェールとは「原初状態」に戻ることだとロールズは言います。すこし長くなりますが引用してみましょう。

「原初状態という着想は、合意されるどのような原理も正義にかなうよう公正な手続きを設定することをねらっている。」

「人びとを反目させ、自分だけの利益になるように社会的・自然的情況を食い物にしようとする気を人びとにおこさせる、特定の偶発時の影響力を、何とかして無効にしなければならない。このためにこそ当事者たちは〈無知のヴェール〉の背後に位置づけられている、とここで想定しよう。多種多様な選択候補が各自に特有の状況にどのような影響を与えるのかを知らないまま、当事者たちはもっぱら一般的な考慮事項に基づいて諸原理を評価することをよぎなくされる。」

「次に、当事者たちはある種の特定の事実を知らないと想定されている。第一に、自分の社会的地位、階級もしくは社会的身分を誰も知らない。また、生来の資産や才能の分配・分布における自らの運、すなわち自らの知力および体力などについても知るものはいない。」

「これに加えて、当事者たちは自分たちの社会に特有の情況を知らない。」
（邦訳一八四－一八五頁）

このように、ロールズは誰もが同意できる正義のあり方を模索する過程で、「原初状態」に立ち戻ることによって普遍的な正義を導き出せると考えました。原初状態とは、具体的な自分の位置や立場や利害について知らないという状態のことです。一般的な状況はすべて知っているが、肝心の自分の出身・背景、家族関係、社会的な位置、財産の状態などについては知らない、という状態にあることです。つまり「人間」という存在の始まり、自分のゼロ次元に立ち戻るということです。これはすごい発想です。もちろん哲学の理論的な仮説、一種の思考実験ですから、普通にはありえないことです。でも考えてみれば個々人の利害や利益とは無関係に、社会の成員みんなに納得してもらえる基本的なルール（それを正義と定義します）を導き出すには、この原初状態から始めなければならないのです。しかし、そんなことは普通は絶対に不可能なことです。だからこそ理論的な思考実験の装置としてみんなが「無知のヴェール」をかぶる必要があるのです。自分のことは勘定にいれず、この社会に普遍的な正しさ、つまり正義の原則を選びだそうとする試みなのです。

まさに宮沢賢治が『雨ニモ負ケズ』手帳の中に書き込んだ「アラユルコトヲ　ジブンヲカンジョウニ入レズニ　ヨクミキキシワカリ」という状態です。ロールズはこの状態、無知のヴェールをかぶった時に見えてくる社会の原初状態から普遍的な正義が導きだせると考えました。

無知のヴェールへの批判と反批判

もちろんこの考え方がすんなりと受け入れられるわけはありません。ロールズ自身もいくつかのありうる批判に答えています。「無知のヴェールという観念はいくつかの難問を引き起こす。特定の詳しい情報のほとんどすべてが排除されてしまうため、原初状態が意味することを把握するのが難しくなるのではないか、と。」(邦訳一八七頁)

こうした予想される批判にロールズは「原初状態という着想は、形式的な説明よりも簡潔でありながら示唆に富んでおり、その他の仕方では簡単に見過ごしてしまいかねないある種の重要な諸特徴を、明らかにしてくれる」のだとのべています。また次のようにも補足しています。「原初状態は、今後のある時点に生活するであろう全員を一度に包括する全体会議であるとか、ましてや、過去のあらゆる時点に生存しえたかもしれない全員の集会であるとも、考えるべきではない。原初状態は、あらゆる現実の人びと、もしくはあらゆる可能な人びとからなる集まりではない」と言うのです。なぜならば「もし私たちが原初状態をこのように思い描くならば、原初状態という概念装置は直観を無理のない仕方で導くことを止めるであろうし、明確な意味を欠くことにもなるだろう。（……）いつ人がその観点を取り上げようと、また誰が取り上げようと、そこに違いが生じてはならない。（……）無知のヴェールは、入手可能な情報が重要な関連性を有すること、さらにその情報がつねに同一であり続けること、その両方を確実なものにしてくれる」（邦訳一八八頁）と補足するのです。

もっともな反論ではありますが、私は別の感想をもちます。原初状態は「今後のある時点に生活するであろう全員を一度に包括する全体会議」や「過去のあらゆる時点に生存したかもしれない全員の集会」であると考えたほうが（もちろん理論的に）、この「無知のヴェール」という理論装置の意味や可能性をずっと拡大してくれるのではないかと思うからです。なぜでしょうか。

私は、原初状態のモデルが「死者」であると思うからです。また拡大すれば「未来の他者」でもあると考えられるからです。死者と未来の世代とを、ともに視野に収めることができると思うからです。

加藤周一は「しかし、それだけではない。加藤周一幽霊と語る」（二〇〇九）[3]という映像作品の中で興味深いことをのべています。生者は、ときどき幽霊と対話するほうが良いというのです。なぜなら、幽霊（死者）は定義上、考えを変えないからだというのです。時の政治や経済の状況や時代の変化によって意見や立場を変えることがないからだ、というのです。彼がこう言うとき、幽霊として念頭にあるのは、戦争で死んでいった彼の親友たちのことです。そしてこういうことを考える時の時代状況は、時の政権によって憲法の改定が論議され、日本国憲法第九条を無効化するような「解釈改憲」が進められようとしていた時だったからです。さきの戦争で無念の思いをもって死んでいった彼の友人たちは、死者であるがゆえに、このような憲法改正論議に参加することができません。無念だったろうと思います。そうした死者たちに、加藤周一は不動の原点、変わることのない原点を見ていたのだと思います。これは、まさにロールズの「原初状態」に近いものではないでしょうか。いやむしろロールズが引き返してしまった地点よりも、もっとラディカルにこの「原初状態」の重要性を擁護しようとする立場ではないでしょうか。

社会学者の大澤真幸も東北大震災のあとの原発事故とその後の原発の存続容認の論議に

ついて同じようなことを述べています。[4] 生きている現在のわれわれだけが原発問題の是非を判断して良いのだろうか。むしろまだ生まれていない「未来の他者」こそが、もっとも影響をうける当事者になるのだから、未来の他者を除外して、現在に生きている者たちの意向だけで決めてよいのだろうか、と。現在の「民主主義」は、今現在を生きている人たちだけの意思決定ですが、そのあり方では将来にわたって長期的な影響をおよぼす問題を判断するには限界があるのではないかと。これもまたロールズの限定を突き破っている考察ではないかと思います。

すこし回り道をしましたが、「銀河鉄道」も「水中鉄道」も、この原初状態にもどる装置だと考えてみたいのです。二つの鉄道に乗ることは「無知のヴェール」をかぶってゼロ次元に戻ることだ、と考えてみるのです。

するといくつかの「謎」が解けるように思うのです。「銀河鉄道の夜」では、ジョバンニが「みんなの本当の幸い」をめざそうと決意するのが銀河鉄道の中です。「千と千尋の神隠し」では「水中鉄道」に乗ることで湯婆婆のかけた魔法から脱する力をえました。あのグローバル資本主義の権化のようなカオナシですら呪いから解き放たれたかのようです。[5]

銀河鉄道や水中鉄道の中で起こっていることは「中有」という臨死体験の中で「原初状

態」に戻ることだと想像してみましょう。だとすれば、それは「ゼロにもどる」ことによって「生き直す」というメッセージだともとれるものです。もうひとつの道、もうひとつの生き方が見つかるのは、銀河鉄道や水中鉄道の中だったのではないかと思います。

原初と起原

これは本書で論じてきた「起原」にとても近いものではないでしょうか。「福祉の起原」は、戦争によって社会がゼロに戻る、そのことによって新たな「起原」が蘇る、何度も起こりうる――そう考えることだと思います。戦争によって福祉が起こる（福祉の戦争起源論）――これは、おぞましい考えだと思われるかもしれませんが、実際に戦争が起こっている事態を前にして、私たちは何ができるでしょうか。せめて戦争のあと、同じような戦争を反復しないための真剣な取り組みが必要になると思います。戦後をこのようなおぞましい反復に陥らせないためにも、「みんなの本当の幸い」を導き出そうとする試みが必要になるはずです。ですから「銀河鉄道の夜」や「千と千尋の神隠し」からは示唆にとむ発想がえられるはずだ、そう思います。

もちろん、このように考えたとしても、ふたたび挫折の道へ入ってしまうかもしれません。戦争のあと「福祉の起原」が起こっても、また「福祉の衰退」が起こり、さらに戦争が起こるかもしれません。ナオミ・クラインがいう「ショック・ドクトリン」のような邪悪な利用や活用を考える人たちが出てくるかもしれません。それは大いにありうることです。いやその可能性のほうが高いのかもしれません——だからといって、それが未来にたいする悲観や絶望の理由になるでしょうか。

ならない、そう見田宗介は論じています。彼はその著書『宮沢賢治——存在の祭りの中へ』の中で「銀河鉄道の夜」にふれながら、主人公のジョバンニは、客観的にはこの世界から疎外され、友はおらず（カムパネルラですらジョバンニとともに行くことなく消えていった）、世界の中で貧困といじめと母の病と父の不在など、さまざまな困苦の中にいながら、それにもかかわらず、ではなく、それゆえに「みんなの本統《ママ》の幸い」を願う人になっていくと論じています。そのとおりなのです。ジョバンニの不思議がここにあります。ここが考えどころだと思います。

見田宗介はこう論じています。

「銀河鉄道」のおわりのところで、世界の存立の秘密を開示する「黒い帽子をかぶった大人」がこんなことをいうのです。

「ね、ちょっとこの本をごらん、いいかい、これは地理と歴史の辞典だよ。この本のこの頁はね、紀元前二千二百年の地理と歴史が書いてある。よくごらん、紀元前二千二百年のことでないよ、紀元前二千二百年のころにみんなが考えていた地理と歴史というものが書いてある。

だからこの頁一つが一冊の地歴の本にあたるんだ。いいかい、そしてこの中に書いてあることは紀元前二千二百年ころにはたいてい本当だ。さがすと証拠もぞくぞく出ている。けれどもそれが少しどうかなとこう考えだしてごらん（中略）

紀元前一千年。だいぶ、地理も歴史も変わってるだろう。このときにはこうなのだ。変な顔をしてはいけない。ぼくたちはぼくたちのからだだって考えだって、天の川だって汽車だって歴史だって、ただそう感じているのなんだから」

この部分を解説しながら、見田はこの本は「歴史の歴史の本」だというところに着目すべきだといいます。「ひとつの〈時〉の内側にすべての過去と未来とがひろがるとすれば、そのような過去や未来のそれぞれの〈時〉の中にも、またそれぞれの過去と未来がひろがるはずであり……（中略）……それはわたしたちの生きる時間と空間が限られたものであるということに、絶望する根拠がないということを、開示する世界像である」というのです。

そうだとしたら、原初があり、起原があるということは、この世界は「絶望する根拠がない」ことを開示しているのではないでしょうか。

ジョバンニの転生

暗い時代に暗い現実から考えたら、「戦争には戦争を」という対応しか思いつかないかもしれません。しかし現実に起こっている現実は、丸山真男が「現実主義の陥穽」の中で論じているように、人々が作ってきたものですし、日々あたらしく作り直しているものです。もうひとつの現実はありうる、と考えてみたいのです。「銀河鉄道の夜」や「千と千尋の神隠し」のラスト・メッセージは、そういうことではないでしょうか。

ゴーギャンのだした三つの「問い」は根源的な「問い」でありますが、これだけでは、私たちが考えるうえでの具体的な「問い」に転換しにくいと思います。高度に抽象的で、いわば中空を浮遊している「問い」なのです。この「問い」をもっと具体的に私たちの生き方にひきつけて問い直すことが必要だと思います。それは可能でしょうか。そのヒントをまたもや見田宗介の「銀河鉄道の夜」の解読から得ることができるのです。「銀河鉄道の夜」から見田が抽出する可能性は次の四つの次元の転換に託されています。ジョバンニは、否定的な現在（いじめや戦争に満ちている現在）から、自己否定（焼身幻想）をへて、世界という存在の可能性にめざめて（存在の祭り）、地上にもどってきて生き直す（根をもつこと）、という四つの事象・次元の展開として解釈しています。この四象限の間の転回が、「銀河鉄道の夜」を救済や解放の物語として読み直す可能性を示しているのではないでしょうか。悲惨な現在から脱出したジョバンニが、無二の親友カムパネルラの死に出会うという結末が、どうして私たちに救済感を与えてくれるのでしょうか。不可能なことは可能かもしれないという解放感すら与えてくれるのは、どうしてなのでしょうか。

ゴーギャンの「問い」が、全人類へむけた抽象的な「問い」であったとすれば、それはいくら切実な問いであったとしても、やはり不可能な問いに聞こえてしまうのです。抽象的な問いは、絶望に根拠がある――そう思わせてしまうからです。

ところがジョバンニのほうは、絶望的に見えるにもかかわらず、その絶望には根拠がない――そう思わせるものがあります。「千と千尋の神隠し」にも同じ可能性を感じます。

ゴーギャンは実際の自分の生活からこの問いを得たのだ、ジョバンニは童話の物語ではないか——はたして、そうでしょうか。そうではありません。ジョバンニは宮沢賢治そのひとでしょう。そして絶望の淵に何度も沈みながら、それでも「銀河鉄道の夜」や「雨ニモマケズ」を書いた人なのです。

私たちはゴーギャンのように問うと「運命論的な絶望」あるいは「悲観と絶望の循環」の中に入ってしまいます。ジョバンニの境遇は、客観的にみれば、戦争に巻き込まれて行方もしれぬ状況です。現在と大差ないものにも見えます。しかし、この状況の中から「起原」が生まれてくるのではないか。そう考えれば、むしろ見田がいうように「この絶望には根拠がない」と言いうるのではないでしょうか。「千と千尋の神隠し」の千尋もそうです。異界の中で絶望してもおかしくない状況の中から「水中鉄道」にのって脱出して、ほとんどジョバンニのような転回を遂げて戻ってくるのです。いってみればゴーギャンでは三つの次元しかなかったところに、見田は四つめの次元を差し込んでいる——それが「世界の肯定」（存在の祭りの中へ降り立つ）の次元なのだと思います。

（1）宮沢賢治も鉄道にのって東京に出奔したり、北海道や樺太まで慟哭の旅にでたりしました。柳田國男は『明治大正史・世相篇』で鉄道が全国を結び、人びとの心を大きく変えたことを論じています。

（2）John Rawls, 1999, "A Theory of Justice: revised edition", Harvard University Press. 邦訳は川本・福間・神島訳『正義論（改訂版）』、紀伊國屋書店、二〇一〇年

（3）「しかし、それだけではない。加藤周一幽霊と語る」（二〇〇九）は、ジブリ学術ライブラリーからＤＶＤとなっています。

（4）大澤真幸篇『ぼくらは未来にどうこたえるか』（二〇一六）

（5）そもそも水中鉄道に乗ろうとする段階で、カオナシはすでにカオナシではなく、ひとりの具体的な存在にもどっています。湯屋の世界の様々な「謎」が、あるいは呪いが、水中鉄道に乗ることで解除されたのかもしれません。

「雨ニモマケズ」のほうへ

宮沢賢治にたいへん有名な「雨ニモマケズ」手帖とよばれるものがあります。遺品のトランクの中から発見された小さな手帖で、生前には誰ひとりその存在を知らなかったものだそうです。この中に、詩のような、心覚えのような、誰に向かって書いたのか、自分の心の中のつぶやきなのか分からない不思議な文章があります。それが「雨ニモマケズ」です[1]。

ふつうに読めばこれは優等生の言葉です。道徳のお説教のような文章です。キレイごとすぎて、先生の受けは良いでしょうが、クラスの同級生はみな反感や反発を感じるような文章です。誰でも知っている有名な文章ですが、もっとも嫌われる文章でもあります。『宮沢賢治——存在の祭りの中へ』を書いた見田宗介は、この文章のせいで賢治が嫌いになり、長い間、宮沢賢治を読まなかったそうです。

この文章をまったく違ったふうに解読してみたいと思います。戦争の時代に生きて、戦争に巻き込まれそうになった宮沢賢治が、挫折して、そこから脱して、最後に（かどうか、それは分かりません）到達した心境としてこの文章を読んでみる――すると「負ケズ」という意味が反転して浮き上がってくるように思うのです。

賢治と戦争

「雨ニモマケズ」に反発や反感が生まれるのには理由があります。第一に、それが書かれた時代背景です。これが書かれたと推定される一九三一年（昭和六年）は満州事変が始まった年です。時代は日中戦争（一九三七）や太平洋戦争（一九四一から）に向かっていく入口にありました。日本はその後、ファシズムが燃え上がり、軍国主義と戦時体制へ向かってまっしぐらの時代に入っていくのです。こうした時代に、この文章が発表されていたら、「ホシガリマセン、カツマデハ」「贅沢ハ敵ダ」のようなファシズム・軍国主義体制への積極的な賛成と協力を強要する文章に理解されてしまったかもしれません。もともと危ういところのある文章なのです。

第二に、絶望的な現状への我慢と諦念のトーンが強いことです。これを軍や政府の視点から読めば、庶民は「戦争」という大きな目標には反対せず、自分の生活はじっと我慢しながら耐えてくれるだろう、という誤解や曲解を生み出しそうです。軍事国家の側からすれば、「戦争」という国家目標への庶民や農民の消極的支援の姿に見えてしまうかもしれません。

賢治最後の童話とされている「グスコーブドリの伝記」（一九三二）は、彼自身の「ありうべき自画像」だとも言われています。主人公のブドリは、まるで殉教者のように人びとの「本当の幸せ」のために殉教・殉死していきます。根底で「雨ニモマケズ」と「グスコーブドリの伝記」はつながっているようにも見えるのです。

ですから軍国主義が勃興していた当時、もしこの文章が公に発表されていたらファシズムへの消去的支持と受け止められかねません。そういう危うさをもっている文章なのです。そして約百年後の今日の視点でみれば、これはSDGsやエコロジー思想に染め上げられた優等生的な共生思想に見えてしまいます。結果として、有名すぎるほど有名ですが、だれもこのようにしようとはせず、敬して遠ざける——そういう読まれ方をされる文章ではないでしょうか。

「雨ニモマケズ」の意味の反転

私もまったくそのような読者でした。つい先年までは。

しかし、三年以上にわたる世界的なコロナ禍の影響が収まらぬうちに、ロシアによるウクライナ侵攻がはじまって、世界がいわば「ヒデリノトキハナミダヲナガシ、サムサノナツハオロオロアルキ」という状況になってきました。すると、この「雨ニモマケズ」が、まったく新しい意味をもって私の前に顕れ直したのです。どういうことでしょうか。

まず第一行目の「雨ニモマケズ」の意味がまったく違って見えてきたのです。でもちょっと注意が必要です。「雨ニモマケズ、風ニモマケズ、雪ニモ夏ノ暑サニモマケヌ」ときたあとに、すぐにつづけて「丈夫ナカラダヲモチ」と読んではいけないのだと思います。そう続けて読んでしまうとつまらないのです。あまりにも平凡な願望であって、そういう「カラダ」を持つと――ゆくゆくは立派な兵隊さんとして徴兵されて、戦場に送り出されて、「戦争」することになってしまう――そう思えてしまうからです。

しかし「負ケズ」というコトバを違う方向へと拡大してみたらどうでしょうか。「負ケズ」はふつうには「じっと耐えていて最後には勝つ」ことを含意します。臥薪嘗胆という意味になるでしょう。負けないで耐えるのは将来勝つためだ、そう読まれることでしょう。

ここが考えどころです。「雨ニ勝ツ」とは言っていません。「雨風雪夏」にたいして「負ケズ」といっていますが勝とうとはしていません。ここに注目してみたいと思います。さらに「負ケズ」を「勝とうとしないという意志表明」にまで拡大してみたらどうでしょうか。

「勝つ」ことをめざさない世界観・価値観に見えてくるのではないでしょうか。そう読んでみたいのです。問題にたいして、それを論破したり、力でねじふせたり、破壊して作り替えたり、こちらの望み通りの世界へと変革したり革命しようとすることを——あえて目指さないという意思表明と読んでみたいのです。いささか解釈（改釈）しすぎでしょうか。そうでもないと思うのです。

賢治の折伏と挫折

若いころの宮沢賢治は法華経に深く帰依して「折伏」の人になりました。多くの人が論じていることですが、まず父親の浄土真宗信仰に真正面から対立して折伏しようとしました。有名な一九二一年の家出と上京もその激しい別の現れでしょう。東京では日蓮宗の社会思想を掲げて民衆を折伏しようとしていた田中智学らの国柱会に参加して街頭活動しようとしました（許されませんでしたが）。折伏は「宗論」のひとつのあり方で、相手を論破して改宗させようとする（精神に対する攻撃的な）行為でもあります。戦争に向かう時代の中で、賢治も折伏という思想的な戦争に巻き込まれていたのかもしれません。しかし国柱会での活動は不毛な挫折に終わりました。またこの時期、農学校時代からの親友の保阪嘉内と上野の帝室図書館でひさしぶりの再会も経験しています。大きな期待をもって会いに行ったところ、意外なことに親友からの拒絶にあいます。その模様は「ダルゲあるいはダルケ」という奇妙な名前をもつ異様な姿格好をした友との再会場面として描かれています。「図書館幻想」と「われはダルケと名乗れるものと」いう二つの小品がそれです。この異様な作品の中でいったい何が描かれているのでしょう。賢治は親友と再会して折伏しようとしたわけではないでしょう。しかし保阪のほうは賢治の燃えるような思想的な圧迫とその脅威を感じていたのかもしれません。賢治にたいして堅く心を閉ざしたうえで再会しています。徹底的な拒絶を伝えるために再会したと言ってもよいかもしれません。賢治は驚いたでしょう。それだけでなく深く絶望し挫折感を味わったことでしょう。保阪は「銀河鉄道の夜」のカムパネルラのモデルともされています。「銀河鉄道の夜」の中でのキリスト教徒との「神さま論争」や最後の最後にジョバンニから離れていってしまうカムパネルラの姿には、この挫折の経験と影響がのちのちまで深く尾を引いていたことを想像させます。

しかし賢治は最後まで信仰を捨てませんでした。後年の賢治は、教師の仕事（教師の仕事は、ある意味ではソフトな折伏という側面もあるかもしれません）もやめて、農民になろうとしました。折伏のように戦って、打ち勝って、説得して、回心させるような、戦争じみた攻撃的な姿勢から脱して、日常の実践の生き方をつうじて（広い意味での）説得を考えていたのかもしれません。それはもはや折伏とは言えないでしょう。しかし生き方をつうじての日常的な実践も病のために挫折していきました。

「負ケズ」という世界観

このような賢治の人生を考えると、「負ケズ」という言葉はふつうとは違った含意へ読みかえることが出来るのではないでしょうか。

雨や風や雪や夏の暑さに、打ち勝つことなどできません。「負ケズ」がせいぜいなのです。現代の私たちの多くは、科学や技術の力で打ち勝つことができる、と思っているかもしれませんが、その先には「戦争」があるのかもしれません。

しかしそれは天気や気候を克服する、自然と戦って勝利する、ということではないでしょう。私たちは地震や災害、日照りや冷害にある程度は対処できるようになったかもしれませんが、それはあくまで対処であって、戦って勝利するわけではありません。むしろ自然を変えようとする人間の思い上がりは、問題をますます深刻化させる（気候変動）という認識のほうが優勢になっているのが現在です。

雨に勝つ、風に勝つのではなく、雨ニモマケズ、風ニモマケズという表現に含まれている「負けず」という思想的決意は新しい意味を帯びて見えてきます。それは、克服して「勝ちにいく」という攻撃的な姿勢とは根本的に違った価値観と行動のように見えてくるのです。

中井久夫の治療文化論

二〇二二年に亡くなった精神科医の中井久夫は、その臨床経験から、病気を「治す」（治療する、治癒させる、完治させる、根治する、回復させる）ことについて懐疑的であり、その意味を深く考え直そうとした人でした[2]。たとえば統合失調症の人にとって、治る、ということはどういうことかを問うています。それは以前の元の状態に戻ることではないといいます。そもそも病気の理由も原因も本当には分かっていません。それもふくめて中井久夫は、精神病の患者にとって回復は元の状態にもどることではないといいます[3]。それでは発病前の、恐怖やおびえの状態にもどってしまうことになります。精神科医にとっての治癒とは、病気の完治ではなく「寛解」ではないかと問いかけます。寛解は病気と共存・共生できるようになることといっても良いでしょう。中井は、哲学者ルードヴィヒ・ヴィトゲンシュタインの精神病の病蹟を論じながら、統合失調症の発病の直前までいっていたにもかかわらず、また生涯にわたって何度も発病の危機に瀕しながら「もちこたえた」ことをとくに特記すべきこととして記しています。このヴィトゲンシュタインの示した非発症、不発病の可能性は、ひとつのめざすべき病への対し方ではないだろうか、といっています。これもまた「雨ニモマケズ」に通じることではないでしょうか。

「僕わからない」

「銀河鉄道の夜」に立ち戻ってみると、この物語の最終場面で、次のような対話がジョバンニとカムパネルラとの間でなされます。

「カムパネルラ、また僕たち二人きりになったねえ、どこまでもどこまでも一緒に行こう。僕はもうあのさそりのようにほんとうにみんなの幸のためならば僕のからだなんか百ぺん灼いてもかまわない。」

「うん。僕だってそうだ。」カムパネルラの眼にはきれいな涙がうかんでいました。

「けれどもほんとうのさいわいは一体何だろう。」ジョバンニが云いました。

「僕わからない。」カムパネルラがぼんやり云いました。

ここでカムパネルラがいう「僕わからない」という言葉には、万感が込められていると思います。法華経の中には「ほんとうのさいわい」へいたる道が書かれていると信じてきた賢治です。ところが実際には折伏は挫折の連続でした。「銀河鉄道の夜」の中にもキリスト教徒との「神さま論争」がありますが、あっけなく一蹴されています。言い返そうとしますが、口ごもるばかりです。そういう挫折の経験の中で、「雨ニモマケズ」の「負ケズ」という思想が育っていった、というのは読み込みすぎでしょうか。

ここから先は、賢治の意図から離れることになるかもしれませんが、「負ケズ」という思想は「勝てない（負ける）」ということではないと思います。中井久夫が論じた「持ちこたえる」という意味を含んでいると思います。それは「勝利する」というベクトルとは異なる対処の仕方なのです。

そう考えると、これは「千と千尋の神隠し」のラストシーンの謎とつながってくるように思います。

「千と千尋の神隠し」の謎

映画「千と千尋の神隠し」は優れた作品ですが、論じてきたように、この作品は、「銀河鉄道の夜」を強く意識して作られています。驚くほど類似点があります。中でも銀河鉄道と水中鉄道の類似があげられます。ほかにもいくつもあります。その中でひとつだけ、意外な類似点を指摘してみたいと思います。それはこうです。

「千と千尋の神隠し」の最後のシーンでつまづく大人は少なくないと思います。米国政府を思わせる父親と、それに忠実につきしたがう日本政府を思わせる母親。この二人に強引にひっぱられてグローバリズムを思わせる異界につれていかれた私たち日本国民。そう思わせる千尋の物語が「千と千尋の神隠し」でした。グローバル資本主義の世界で地獄めぐりのような苦労をして、最後、元の世界へもどってくるのですが、この映画を見終わるにあたって最後の場面の意味が、ふつうの大人には納得できないのではないかと思います。

それは、湯婆婆との対決の場面に現れます。独裁国家の支配者を思わせる湯婆婆と対決して、勝利した千尋が、なぜ湯屋の世界をなにひとつ変えることなく去って行くのか、という問題です。父母を豚の姿にかえ、人びとを奴隷労働の世界に突き落とし、歪んだ格差社会のような湯屋の世界を牛耳っている湯婆婆に勝利したのです。この機会に、湯屋の世界を解放し、自由と民主主義化を、呪術にかかったような人びとの解放を、なぜ手助けしようとしないのでしょうか。こんなに歪んだ格差社会をなぜ変革しないで、自分たち三人だけが元の世界へもどっていくのでしょう。千尋は、なぜ「ありがとうございました」などとていねいに挨拶までしてこの世界から去っていくのでしょうか。

ここはふつうの大人なら大きくつまずいてしまうはずです。こんなことで良いのかと考えてしまうところです。きわめて倫理的な「問い」が現れる場面なのです。この問題は、一見かんたんそうに見えて、意外なほど奥行きと難しさがあると思います。「みんなの本当のさいわい」は何か、という問題とつながっているからです。

賢治だったら、自分たちだけの幸いを、けっして良しとはしなかったでしょう。それは「みんなの幸い」とは違うというでしょう。なにしろ「みんなの幸のためならば僕のからだなんか百ぺん灼いてもかまわない」という人なのですから。千尋たちは「みんなの幸い」ではなく「私たちの幸い」を選んだように見えるからです。

でも、もうひとりの宮さんである宮崎駿監督も考えたと思います。二〇世紀の歴史は、独裁者を倒した人たちが、こんどは次の独裁者になってきた歴史ではなかったか、と。ロシアや中国や北朝鮮など、そのような歴史にことかかないのが二〇世紀でした。ここでもし千尋が湯屋の革命を考えるようになったら、それは千尋が第二の湯婆婆になっていくことではないか——宮崎監督は、おそらくそう考えたのではないかと思います。

それは見田宗介の「卵を内側から破る」というテーゼにも関連します。古いことわざの「啐啄同時」は理想ですが、ふつうそんなことはなかなかおこりません。革命は、つねに「時期尚早」と言われてきました。あとから考えても「啐啄同時」とは言えなかったと思います。強引に革命を起こした時の悲惨な結果が二〇世紀である、そう言えるのかもしれません。ここはじつに難しいところなのです。

「銀河鉄道の夜」の謎

「銀河鉄道の夜」では、ジョバンニの問いかけにたいして、カムパネルラは「僕わからない」とぼんやりこたえます。しかし、これは賢治が生涯かけて考えつづけてきたことでした。「僕わからない」とぼんやりいうどころではありません。「銀河鉄道の夜」の初期型では、ブルカニロ博士がもっとはっきり確信をもって「ほんとうのさいわい」について語っていたのです。それが最終型になると、ブルカニロ博士は消し去られ、それとともに博士の思想や哲学や説教も消えました。どうしてなのでしょうか。

賢治は迷いに迷ったすえにこう書き直したのだと思います。

そしてこの「謎」は、「風の谷のナウシカ」や「千と千尋の神隠し」に受け継がれたのだと思います。

（1）東北砕石工場の嘱託を務めていた賢治が石材のセールスに上京して再び病に倒れ、花巻の実家に戻って闘病中だった一九三一年秋に使用していた黒い手帳に鉛筆で記されていたものだそうです。冒頭部のページ上部に青鉛筆で「11・3」の書き込みがあることから、同年一一月三日に執筆したと推定されています。

（2）中井久夫『治療文化論』などを参照

（3）そういう人たちが、歴史的にみても世界中の社会の中に一定比率で存在してきたのはなぜか、その歴史的な理由も視野に含めながら考えられています。

選択肢の外にある可能性

なぜ不可能なことが可能になり、可能だったことが不可能になってしまうのでしょうか。なぜ戦争が可能になって福祉は不可能になっていくのでしょうか。こうした「問い」を行きつ戻りつしながら考えてきました。第二次世界大戦後の「福祉の起原」から七十年以上がたってふたたび「戦争」になってしまうのはなぜなのでしょう。ほかに可能な選択肢がなくなったからでしょうか。なぜ「戦争にたいしては戦争で対抗するほかない」世界になってしまうのでしょうか。かつてあった可能性、一九六八年の「プラハの春」の時にはあった選択肢——「戦車に対抗できる言葉」は失われたのでしょうか。「戦車でない言葉」という選択肢はどこへ行ったのでしょうか。それはなぜなのか、失われた選択肢はどこへ行ってしまったのか、それを回復することは不可能なのでしょうか。

最後の対決――選択肢の外には何があるか

私たちの現在は、世界中からさまざまなニューズや情報や映像が即座に送られてきます。わずか三十年ほどまえまで、こんなことは不可能でした。しかしそれが可能になったとたん、こんどは別の可能性が失われたように思います。私たちの現在にはコトバや情報や映像があふれています。そして日々、現実とはこういうものだ、ということを刷り込まれるようになりました。その結果、起こっていることだけが現実で、私たちはこの現実に適応していかなければならない――そのように、かつてないほど「現実」に縛られるようになりました。しかし、これは丸山真男が論じた「現実主義の陥穽」そのものではないでしょうか。[1] 知れば知るほど、学べば学ぶほど「現実」の壁は超えがたく思えてきてしまうのです。でもそれは本当なのでしょうか。

これを実に的確に映像化した作品があります。何度も述べた「千と千尋の神隠し」です。この映画のハイライトとも言うべき最後の湯婆婆と千尋の対決の場面に、それが見事に表現されているのです。どういうことでしょうか。

水中鉄道に乗って沼の底までいって、ある種の覚醒を獲得した千尋は、本来の名前を取り戻し、ハクに導かれて湯屋に舞い戻ってきます。豚に化身させられた父母を救い出すためです。湯婆婆は千尋にたいして最後の試練を課します。居並んだ豚たちの中に千尋の父母がいるというのです。それを当てたら元に戻してやる、といいます。しかも「チャンスは一回だよ」と言うのです。

十二匹もいてどれも同じように見える豚たちは、「現実」世界の選択肢のメタファーでしょう。[2]現実という選択肢あるいは現実化が可能な選択肢（だけ）がずらりと並んでいるのです。その中から一発で「正解」をあてなければならないという過酷な試練です。でも考えてみれば、私たちは多かれ少なかれ日々こうした状況の中を生きているのです。十歳の少女という千尋の立場から考えてみても、彼女はこれから何度も入学試験という試練を経験するでしょうし、そのたびに選択肢の中から「正解」を当てなければならないことでしょう。学校を卒業したらこんどは就職試験がまっています。それがどんな会社なのか、どんな組織なのか、どんな世界なのか、入ってみなければ分かりません。映画の中で、千尋は「ここで働かせてください！」と湯婆婆に言うのですが、その結果は、湯屋における奴隷労働のようなブラックな境遇でした。これも現実世界の、とりわけ二一世紀になってからの雇用や労働条件の劣化を象徴しているようで、じつに興味深いシーンです。

このような「現実」に取り囲まれて生きている私たちは、いつのまにか、提示された選択肢の中から何かひとつだけ選ばなければならない、というオブセッション（強迫）を刷り込まれているのです。現実に存在する選択肢の中からしか選べない、存在しない選択肢は選択肢ではない——そういう「現実主義の陥穽」にいつのまにか囚われているのです。

だからでしょう。千尋が湯婆婆との最後の対決で「この選択肢の中に正解はない」と答えると、私たちはみな一瞬、凍りついたようになるのです。大学の共通入学試験や多くの国家資格試験などはマークシート方式で「正解」を選ぶことになっています。選択肢の中に正解がない、という選択はありえないのです。そんなことがあったら「試験」の意味が崩壊するのです。ですから、この十歳の少女が、この現実の選択肢の中に「正解」はない、と答えるのは、驚愕の選択なのです。

これは少女が「王様は裸だ」と、曇りのない真実を述べた、ということなのです。湯屋の人たちも、この勝負をみんなが凝視していました。そして一瞬きょとんとしたあとで一斉に「大当たり!!」と大喜びになるのは、そのためでしょう。誰もがうすうす感じていたのです。この世界が提示してくる選択肢の中に「正解」はないのではないか、と。自分の選択は間違っているのではないか、と。潜在意識の中で感じていたことが、千尋によって見事に言い当てられたのです。「大当たり!!」という喜びの爆発は、真実の開示である以上に、私たちが現実世界ですり込まれてきた思い込みからの「解放」の喜びでもあったのでしょう。

もうひとつの世界の開示

なぜこのようなことが可能だったのでしょう。いくつか考えられます。第一に、十歳の少女はまだ「現実」のルールをよく知らなかったからかもしれません。選択肢の中からひとつを選ばないと、あるいは選べないと、この世界では誤答あるいは「落ちこぼれ」になることを知らないのだ、そういうことかもしれません。でもこれはつまらない解釈です。学校や大学で学べば学ぶほど、現実世界を知ればしるほど、もうひとつの世界の可能性は縮少していくということを意味することになります。学べば学ぶほど、夢は消え去るのです。今ある現実がそうなっていることには理由があって、現実の壁は乗り越え難いものになるでしょう(3)。第二に水中見えてくるからです。そうなると、可能なこと以外は不可能になるでしょう。第二に水中鉄道の中で「原初状態」にもどって原点を取り戻したとすれば、個人の利害というフィルターを通さずに選択肢を直に見つめることができたはずです。だから提示された現実の選択肢のウソを見抜けたのだ、とも考えられます。第三に……もう十分でしょう。現実主義と現実を超えて真実を見つける眼との対立が、ここで主題化されていることに気づけば充分だからです。

私はこれまでの著書の中で、コロナ禍でのエイジズムやトリアージに警鐘を鳴らしてきました。私たちは災害や危機に直面すると狭い「現実」の選択肢の中から、ときに危うい選択をしがちなのです[4]。

ですからこの場面での千尋の行動は、おどろくべきものなのです。大人になればなるほど、現実を知ればしるほど、とれなくなる行動なのです。入試問題でときに出題ミスが発覚することがあります。選択肢の中に「正解」がなかったというのです。でも、そんなことは現実世界のなかでは日常茶飯事です。私たちは日々、そうした「正解」があるのかどうか分からない世界の中で、目の前にある選択肢の中から何かを選んでいるのですから。

ところがそう言ってはいられない場面がやってきます。たとえば東日本大震災と原発事故の後の「選択肢」です。私たちが選択してきたことを、千尋だったらどう言うでしょうか。そう考えてみるべきだと思います。私たちはいつのまにか千尋に追い越されているのではないでしょうか。あるいは「現実主義の陥穽」の中におちこんで、湯屋の中で働いている人たちのようにマインド・コントロールされている、そう言えるのかもしれません。

「言葉と戦車」という選択肢

こう考えてくると、今回のウクライナでの「戦争」にさいして、私たちの視野から消えている選択肢があったことに気づかされます。それこそ千尋のだした答え――この中に正解はない、という答えです。すでに第二章で論じてきましたが、一九六八年のソ連によるプラハ侵攻にさいして、加藤周一は「言葉と戦車」という論考を書きました。いま読み返してみても示唆にとむ考察です。ソ連の戦車による言論の自由の圧迫にたいして、プラハ市民は言葉による抵抗を試みた――これだけを聞けば、なんと牧歌的な時代だったとか、まるでお花畑のような小学生の夢想するような対案だ、などと嘲笑の声が聞こえてきそうです。現実主義から考えれば、たしかにそのとおりなのかもしれません。そして現実に、ウクライナでは連日、戦争にたいして戦争で対抗しています。西側諸国もハイテクの武器をウクライナに供与してロシアとの代理戦争のような様相を呈してきています。管見の限り、開戦後、何ヶ月ものあいだ、マスメディアにはこの侵攻とウクライナの対応を「プラハの春」との比較で論じる人は見当たりませんでした。「プラハの春」という選択肢は、この五十年の間に雲散霧消してしまったかのようです。[5]

「みんなの本統《ママ》の幸い」とは何か

しかしどうなのでしょう――戦争に対して戦争で返して、はたしてどんな勝利がありうるのでしょうか。第二次世界大戦の時も、その後の冷戦の時代も、いつのまにか敵対するお互いどうしがそっくりの軍事国家になっていくプロセスではなかったでしょうか。戦えば戦うほど、戦いから抜け出せない――結果として軍事費の増大、やがて核兵器のエスカレート、「世界の終わり」への接近ということになりました。軍備競争のエスカレーションという悪循環から抜け出して、戦うということにたいして戦う、あるいは戦わないという戦い方は不可能なのでしょうか。

残念なことに、それは分かりません。そんなことが分かっていれば、とうの昔に「戦争」などなくなっていたのかもしれません。

でも「千と千尋の神隠し」に立ち返れば、こういうことは言えると思います。もし千尋が湯婆婆に勝ったあと、湯屋の変革に乗り出していたら、千尋は第二の湯婆婆に変質していったのではないか、と。戦って打ち勝つという世界観の中では、立派な指導者が世界を平和に導く、という幻想に陥りがちです。かつて戦争に突き進んだ日本でも、アジアを西欧の植民地支配から解放するというような理念を掲げていました。「戦争を終わらせるための最終戦争」という途方もない考え方すらありました。このような考え方に対抗する「自由と民主主義を守るための戦争」というもうひとつの考え方も、戦って勝たないと正義は実現できないという価値観ですから、この神々の争いには終着点はありません。

「私」の幸せ、「私たちの」幸せ、「みんな」の幸せ

宮沢賢治の「銀河鉄道の夜」は、ジョバンニにとって「みんなの本統《ママ》の幸い」をもとめる旅のはずなのですが、だれもがそれぞれの駅で降りていく姿をまのあたりにする物語です。だれもが「わたしの駅」あるいは「わたしたちの駅」で降りていくのです。ジョバンニだけが「降りるべき駅」をもっていません。ジョバンニの切符がどこまでもいける切符なのは、そのためです。「私」や「私たち」の駅はありうるけれど、「みんな」の駅、「みんなの本統の幸い」という駅はなかったのです。ですからジョバンニは一人でもとの世界にもどってきました。

ではジョバンニは絶望してこの世にもどってきたのでしょうか。

そんなことはありません。それが「銀河鉄道の夜」が百年たっても読み続けられてい

る理由だと思います。「銀河鉄道の夜」には、悲しみや喪失感とともに救済感があります。この救済感はいったいどこから来るのでしょうか。これが最後の謎になります。

救済感はどこから来るのか

この謎をとくにあたってもうひとつの補助線を導入してみます。宮沢賢治の「学者アラムハラドの見た着物」という不思議な作品に見田宗介は注目しています。この作品は推敲をかさねながらついに完成することのなかった作品だそうです。死後ほかの原稿とはちがった押し入れから発見されたそうです。

学者アラムハラドは街のはずれの林の中の塾で十一人の子どもを教えています。ある日、アラムハラドは子どもたちに「人が何としてもそうしないでいられないことは一体どういう事だろう。考えてごらん」という根源的な「問い」をだします。子どもたちはそれぞれに一生懸命考えた答えをいいます。長くなるので詳しくは紹介しませんが、アラムハラドが最後に指名するのはセララバアドという子どもです。

「セララバアド。お前は何か言いたいように見える。云ってごらん。」

小さなセラバアドは少しびっくりしたようでしたがすぐ落ちついて答えました。

「人はほんとうのいいことが何だかを考えないでいられないと思います。」

アラムハラドはちょっと眼をつぶりました。眼をつぶったくらやみの中ではそこら中ぼうっと燐の火のように青く見え、ずうっと遠くが大へん青くて明るくてそこに黄金の葉をもった立派な樹がぞろっとならんでさんさんさんと梢を鳴らしているように思ったのです。アラムハラドは眼をひらきました。子供らがじっとアラムハラドを見上げていました。アラムハラドは言いました。

「うん。そうだ。人はまことを求める。真理を求める。ほんとうの道を求めるのだ。人が道を求めないでいられないことはちょうど鳥の飛ばないでいられないとおんなじだ（……）」

この場面のアラムハラドは、「銀河鉄道の夜」の初期形のブルカニロ博士と同じです。そしてセララバアドはジョバンニの化身でしょう。童話です、いかにも童話でファンタジーです。でも何かを深く訴えかけてくるものがあります。

こんなか細いものに希望を託すのか、そういう人もいるでしょう。でも、こういうものが書かれ、「銀河鉄道の夜」とともに読み継がれてきたこと、そのこともまた事実ではないでしょうか。ちょうど「プラハの春」が現実に起こったように。さらに言えば、眼には眼をという復讐原理を軸としていた旧約聖書やハムラビ法典の古代世界の価値観や社会原理にたいして、新約聖書があたらしい原理として出てきたように。でもその教えは、右の頬をなぐられたら左の頬を差し出しなさい、とか、汝の敵を愛しなさい、などという、およそ現実世界では考えられるもっとも不可能な教えでもあったのです。誰も実行できないような不可能な教えが、なぜ二千年もの歳月をこえて現代にいたるまで語りつがれているのでしょうか。謎です。でも、その謎の一端は、上記したセラバアドの言葉の中に含まれていると思います。

「人はほんとうのいいことが何だかを考えないでいられないと思います。」(6)

(1) 丸山真男、一九五二「「現実」主義の陥穽――或る編輯者への手紙」、世界(七七)、一一二―一三〇

(2) 数えてみると豚は十二匹います。この十二という数字は、新約聖書におけるイエスの使徒の数と同じだ、というのはうがった見方すぎるでしょうか。

（3）蛇足かもしれませんが——学ぶことは、現実がこうであることを学ぶことなのでしょうか。本来、「学問」というのは学んだ上で「問う」ことではないでしょうか。それは、いまあるこの現実の壁を突き破ることではないでしょうか。

（4）『超高齢社会の乗り越え方』では、人を年齢だけで判断する見方（高齢者や高齢社会という見方）がエイジズム（年齢差別）を生み出しやすいと論じました。『二一世紀の《想像の共同体》——ボランティアの原理　非営利の可能性』では、コロナ禍で私たちが意図せざる結果として行っているのは、人間による人間の選別（トリアージ）ではないかと論じました。それぞれ、常識的な現実主義の考え方への対抗と批判、そしてその乗り越えにこそ社会学の役割があると考えたからです。

（5）例外としてTBSのニュースキャスターだった金平茂紀が「ウクライナ侵攻を報じるマスメディアの荒涼たる砂漠にようこそ」という文章を『現代思想二〇二二年六月臨時増刊号・ウクライナから問う』に書いていることを最近知りました。

（6）「銀河鉄道の夜」で迷いに迷ったあげく賢治は最終形でブルカニロ博士を消しました。博士に教えられてそのとおりに生きるようでは「卵を内側から破る」ことにはならないと考えたのだと思います。では「学者アラムハラドの見た着物」にはなぜ学者アラムハラドを残したのでしょうか。子どもがひとりでにこのような意見を言えることに、どこか不自然なものを感じたのかもしれません。こんな子どもがいるとしたら世界はもっと平和で幸せになっていたに違いないからです。それにしても「博士」や「学者」が出てくるのはこの時代の限界なのでしょうか。不思議な感じも残ります。それは「銀河鉄道の夜」を書いた賢治なのに、さいごまで法華経という「先生」を奉じつづけたという不思議さとも重なります。

失われた可能性を求めて――あとがきにかえて

二〇一二年、プラハを訪れました。プラハは小説家カフカの街です。モーツァルトが滞在して交響曲やオペラ「ドン・ジョバンニ」を初演した音楽の街でもあります。夢みるような数日間を過ごしましたが、滞在したのはヴァーツラフ広場のホテルでした（本書九九頁の写真）。ここは一九六八年にチェコスロヴァキアで起こった言論の自由化と社会主義の民主化をすすめたドプチェク第一書記とその改革を熱狂的に支持した市民による「プラハの春」が花咲いた場所でした。その爆発するような喜びにみちた短かい春のあと、突如、ソ連軍を中心とするワルシャワ条約機構の戦車が軍事侵攻してきました。圧倒的なソ連軍の戦車にたいして市民は座り込み、武力でなく言葉による徹底的な抵抗を行ったのです。そして二十年後の一九八九年、ふたたび数十万の市民が集まってチェコスロヴァキアの独立が宣言される場所になりました。まさに、戦争と平和、自由と抵抗の意味を教えてくれる場所であり、歴史と起原の重なりあう場所でした。

今こそ「プラハの春」を思い出すべきではないでしょうか。ところが、そうする人は、ほとんどいないようです。それは私たちがこの半世紀ほどの間に、「戦争に対抗できる言葉」を失った、あるいはその可能性を信じることができなくなった――ことを示しているように思われるのです。

しかし、まだ悲観するには早すぎる、と思い直しました。「スイングバイ（swing-by）」という言葉があります。小さな宇宙探査機が、巨大な惑星の重力を逆に利用して探査機の方向を変え推進力に転換する宇宙技術のことです。小さな無力な存在こそ、大きな力を逆手にとって新たな力や可能性をひめた「起原」を生み出せるのではないか。そう考えたのです。

この思いを後押ししてくれたのが宮崎駿監督の「千と千尋の神隠し」（二〇〇一年公開）でした。この映画は、二一世紀の日本の自画像ともいうべきものです。グローバル資本主義の世界を思わせる異界に紛れ込んだ千尋という少女が、両親は豚にされ自分の名前も奪われて湯屋で苦労する物語です。そしてさいごに両親を救いだすため、湯婆婆という独裁的な支配者と対決するクライマックスになります。十数匹の豚を前にして、この中におまえの両親がいる、それを一度で当てたら解放してやると迫られるこのシーンは、私たちを深く考えさせるものでした。まるで現在、私たちが直面している状況にそっくりだからです。選びたくない選択肢ばかりが示されています。どれを選んでも、もっと悪くなるようなものばかりです。だからでしょうか――「この選択肢の中に答えはない」と千尋が言い切るシーンには心底しびれました。そうだ、そのとおりだ。私たちは、選んではいけない選択肢を選んでいるのではないか――そう図星をさされたように思われたからです。

私たちは、何のために考え、何のために研究しているのでしょうか――最後には千尋のように言えるようにならなくては本当ではない――そう思いました。十歳という設定の千尋は二〇二二年現在の世界を見て、なんと思うでしょうか。「あの人がさかさまなのか、私たちがさかさまなのか」（藤原新也がインドで撮影した逆立ちしている行者の写真につけたキャプション。『メメント・モリ』（一九八三）に所収）そう思うのではないでしょうか。悲観や絶望や無力感ではなく、背筋をのばしてまっすぐに現在と未来を見すえていたあの千尋のように、私たちも今こそ「この中に『正解』はない」と言える勇気をもつべきではないでしょうか。そして、悲観するには早すぎる、「起原」はまたきっとめぐってくる、そう考えるべきではないでしょうか。

二〇二二年に亡くなった見田宗介先生と中井久夫さんの著作からは多くを学び、考えさせられ、たくさんの引用をさせていただきました。また二人の加藤さん（加藤周一と加藤典洋）の存在とその著作は、本書の執筆にあたって大きな支えになりました。装幀家の毛利一枝さんにはすてきな装幀をしていただきました。今回も、弦書房・小野静男さんの励ましを受けながら執筆しました。感謝の念を書き記しておきたいと思います。

二〇二二年　初冬の大濠公園にて

安立清史

本書はJSPS科研費（JP20H01574）の助成を受けたものです。

———2005,『べてるの家の「当事者研究」』医学書院.
柳父章, 1977,『翻訳の思想——自然と nature』平凡社.
———1978,『翻訳文化を考える』法政大学出版局.
———1982,『翻訳語成立事情』岩波書店.
———2001,『「ゴッド」は神か上帝か』岩波書店.
柳田國男, 1931,『明治大正史——世相篇』朝日新聞社.
吉本隆明, 1996,『宮沢賢治』筑摩書房.
———2012,『宮沢賢治の世界』筑摩書房.

———1995,『家族の深淵』みすず書房.
———2007,『こんなとき私はどうしてきたか』医学書院.
———2017,『働く患者 中井久夫集 1』みすず書房.
大澤真幸, 2008,『不可能性の時代』岩波書店.
———2011,『社会は絶えず夢を見ている』朝日出版社.
———2012a,「思想の言葉——思想の不法侵入者」『思想』(1054): 2-7.
———2012b,『夢よりも深い覚醒へ——3・11 後の哲学』岩波書店.
———2022,『経済の起原』岩波書店.
大澤真幸・見田宗介, 2017,『〈わたし〉と〈みんな〉の社会学』左右社.
大澤真幸・小野善康・木村草太・中島岳志, 2016,『ぼくらは未来にどうこたえるか』左右社.
Rawls, John, 1999, A Theory of Justice: Revised Edition, Harvard University Press.（ジョン・ロールズ、川本隆史・福間聡・神島裕子訳, 2010,『正義論（改訂版)』紀伊國屋書店.）
佐藤健二, 2020,『真木悠介の誕生——人間解放の比較＝歴史社会学』弘文堂.
下村恵美子, 2001,『九八歳の妊娠——宅老所よりあい物語』雲母書房.
———2011,『生と死をつなぐケア——宅老所よりあいの仕事』雲母書房.
副田義也, 2003a,『あしなが運動と玉井義臣——歴史社会学的考察』岩波書店.
———2003b,『福祉社会学宣言』岩波書店.
———2014,『生活保護制度の社会史 増補版』東京大学出版会.
外山義, 2003,『自宅でない在宅——高齢者の生活空間論』医学書院.
宗左近, 1995,『宮沢賢治の謎』新潮社.
武川正吾, 2012,『福祉社会学の想像力』弘文堂.
タタラ・ヨシオ著（菅沼隆・古川孝順訳), 1997,『占領期の福祉改革——福祉行政の再編成と福祉専門職の誕生』筒井書房.
浦河べてるの家, 2002,『べてるの家の「非」援助論——そのままでいいと思えるための 25 章』医学書院.

真木悠介，1981,『時間の比較社会学』岩波書店.
———1993,『自我の起原——愛とエゴイズムの動物社会学』岩波書店.
真木悠介・大澤真幸，2014,『現代社会の存立構造／『現代社会の存立構造』を読む』朝日出版社.
Mauss, Marcel, 1925, Essai sur le don: forme et raison de l'échange dans les sociétés archaïques.（マルセル・モース、吉田禎吾・江川純一訳，2009,『贈与論』筑摩書房.）
丸山真男，1952,「「現実」主義の陥穽——或る編輯者への手紙」『世界』(77): 122-130.
———1964,『現代政治の思想と行動』未来社
見田宗介，1984,『宮沢賢治——存在の祭りの中へ』岩波書店.
———1996,『現代社会の理論——情報化・消費化社会の現在と未来』岩波書店.
———2006,『社会学入門——人間と社会の未来』岩波書店.
———2018,『現代社会はどこに向かうか——高原の見晴らしを切り開くこと』岩波書店.
見田宗介・大澤真幸，2012,『二千年紀の社会と思想』太田出版.
宮本常一，1984,『忘れられた日本人』岩波書店.
———1993,『民俗学の旅』講談社.
向谷地生良，2009,『技法以前——べてるの家のつくりかた』医学書院.
村瀬孝生，2001,『おしっこの放物線——老いと折り合う居場所づくり』雲母書房.
———2006,『ぼけてもいいよ——「第2宅老所よりあい」から』西日本新聞社.
———2010,『あきらめる勇気——老いと死に沿う介護』筒井書房.
———2011,『看取りケアの作法——宅老所よりあいの仕事』雲母書房.
———2018,『おばあちゃんが、ぼけた。——よりみちパン！セ（増補新版)』新曜社.
———2022,『シンクロと自由』医学書院.
中井久夫，1990,『治療文化論——精神医学的再構築の試み』岩波書店.

———1999a,『戦後的思考』講談社.
———1999b,『可能性としての戦後以後』岩波書店.
———2010,『さようなら、ゴジラたち——戦後から遠く離れて』岩波書店.
———2015,『戦後入門』筑摩書房.
———2016a,『世界をわからないものに育てること——文学・思想論集』岩波書店.
———2016b,『言葉の降る日』岩波書店.
———2017,『敗者の想像力』集英社.
———2019,『9条入門』創元社.
———2021,『9条の戦後史』筑摩書房.
加藤周一, 1968,『羊の歌——わが回想』岩波書店.
———1969,『言葉と戦車』筑摩書房.
———2000,『私にとっての20世紀』岩波書店.
———2001,『過客問答』かもがわ出版.
———2005,『二〇世紀の自画像』筑摩書房.
———2007,『日本文化における時間と空間』岩波書店.
———2009a,『言葉と戦車を見すえて——加藤周一が考えつづけてきたこと』筑摩書房.
———2009b,『私にとっての20世紀——付　最後のメッセージ』岩波書店.
Klein, Naomi, 2007, The Shock Doctrine: the Rise of Disaster Capitalism（ナオミ・クライン、幾島幸子・村上由見子訳, 2011,『ショック・ドクトリン——惨事便乗型資本主義の正体を暴く』岩波書店.）
Koudelka, Josef, 2008, Invasion 68: Aperture.（阿部賢一訳, 2011,『ジョセフ・クーデルカ プラハ侵攻 1968』平凡社.）
Kübler-Ross, Elisabeth, 1969, On Death and Dying, Scribner.（エリザベス・キューブラー＝ロス、鈴木晶訳, 2001,『死ぬ瞬間——死とその過程について』中央公論新社.）

Press.（アンソニー・ギデンズ、松尾精文・小幡正敏訳, 1999,『国民国家と暴力』而立書房.）
半藤一利, 1965,『日本のいちばん長い日――運命の八月十五日』文藝春秋.
橋爪大三郎, 1985,『言語ゲームと社会理論――ヴィトゲンシュタイン・ハート・ルーマン』勁草書房.
飯田真・中井久夫, 1972,『天才の精神病理――科学的創造の秘密』中央公論社.
入沢康夫・天沢退二郎, 1990,『討議「銀河鉄道の夜」とは何か』青土社.
石田雄, 1983,『近代日本の政治文化と言語象徴』東京大学出版会.
―――1989,『日本の政治と言葉（上）「自由」と「福祉」』東京大学出版会.
石川治江, 2000,『介護はプロに、家族は愛を。』紀伊國屋書店.
金平茂紀, 2022,「ウクライナ侵攻を報じるマスメディアの荒涼たる砂漠にようこそ」『現代思想 2022 年 6 月臨時増刊号――ウクライナから問う』
鹿子裕文, 2015,『へろへろ――雑誌「ヨレヨレ」と「宅老所よりあい」の人々』ナナロク社.
柄谷行人, 2006,『世界共和国へ――資本＝ネーション＝国家を超えて』岩波書店.
―――2012,『哲学の起源』岩波書店.
―――2014,『帝国の構造――中心・周辺・亜周辺』青土社.
―――2016,『憲法の無意識』岩波書店.
―――2019,『世界史の実験』岩波書店.
柄谷行人・見田宗介・大澤真幸, 2019,『戦後思想の到達点――柄谷行人、自身を語る　見田宗介、自身を語る』NHK 出版.
加藤典洋, 1985,『アメリカの影』河出書房新社.
―――1997,『敗戦後論』講談社.
―――1998,『戦後を戦後以後、考える――ノン・モラルからの出発とは何か』岩波書店.

主要参考文献

安立清史, 2008,『福祉 NPO の社会学』東京大学出版会.

———2018,「「高齢社会」というペシミズム—日本の人口高齢化に取り憑いた呪文」『人間科学　共生社会学』(8): 101-112.

———2020,『超高齢社会の乗り越え方——日本の介護福祉は成功か失敗か』弦書房.

———2021,『21 世紀の《想像の共同体》——ボランティアの原理非営利の可能性』弦書房.

———2022,『ボランティアと有償ボランティア』弦書房.

赤川学, 2004,『子どもが減って何が悪いか！』筑摩書房.

天沢退二郎, 1993,『宮沢賢治の彼方へ』筑摩書房.

———2009,『《宮沢賢治》のさらなる彼方を求めて』筑摩書房.

Beck, Ulrich, Anthony Giddens and Scott Lash, 1994, Reflexive Modernization: Politics, Tradition and Aesthetics in the Modern Social Order, Cambridge: Polity Press.（ウルリヒ・ベック他、松尾精文・小幡正敏・叶堂隆三訳, 1997,『再帰的近代化——近現代における政治、伝統、美的原理』而立書房.）

Dawkins, Richard, 1991, The Selfish Gene, New York: Oxford University Press.（リチャード・ドーキンス、日高敏隆・岸由二・羽田節子訳, 1992,『利己的な遺伝子』紀伊国屋書店.）

Esping-Andersen, Gosta, 1990, The Three Worlds of Welfare Capitalism, New Jersey: Princeton University Press.（エスピン＝アンデルセン、岡沢憲芙・宮本太郎訳, 2001,『福祉資本主義の三つの世界——比較福祉国家の理論と動態』ミネルヴァ書房.）

藤原新也, 1983,『メメント・モリ——死を想え』情報センター出版局.

深田耕一郎, 2013,『福祉と贈与——全身性障害者・新田勲と介護者たち』生活書院.

Giddens, Anthony, 1985, The Nation-state and Violence: Volume 2 of A Contemporary Critique of Historical Materialism, Polity

[著者略歴]
安立清史（あだち・きよし）
一九五七年、群馬県生まれ。
九州大学・大学院人間環境学研究院・共生社会学講座・教授。
専門は、福祉社会学、ボランティア・NPO論。
著書に、『ボランティアと有償ボランティア』（弦書房、二〇二二）、『21世紀の《想像の共同体》――ボランティアの原理　非営利の可能性』（弦書房、二〇二一）、『超高齢社会の乗り越え方――日本の介護福祉は成功か失敗か』（弦書房、二〇二〇）、『福祉NPOの社会学』（東京大学出版会、二〇〇八）、『介護系NPOの最前線――全国トップ16の実像』（共著、ミネルヴァ書房、二〇〇三）、『ニューエイジング：日米の挑戦と課題』（共著、九州大学出版会、二〇〇一）、『高齢者NPOが社会を変える』（共著、岩波書店、二〇〇〇）、『市民福祉の社会学――高齢化・福祉改革・NPO』（ハーベスト社、一九九八）など。

福祉の起原

二〇二三年 三 月三一日発行

著　者　安立清史《あだちきよし》
発行者　小野静男
発行所　株式会社　弦書房
（〒810・0041）
福岡市中央区大名二―二―四三
ELK大名ビル三〇一
電　話　〇九二・七二六・九八八五
FAX　〇九二・七二六・九八八六

組版・製作　合同会社キヅキブックス
印刷・製本　シナノ書籍印刷株式会社

ISBN978-4-86329-262-8　C0036